I0009039

Sumário

Sobre o autor

O autor Rodrigo Nogueira mudou-se para São Paulo com jovem, quando estava por sua vez começando a aprender ciência da computação. Com treze anos colocara seus primeiros aplicativos em famosas lojas online de vendas de aplicativos.

Ao chegar em São Paulo foi matriculado no Colégio Internacional Anhembi Morumbi, e após terminar o ensino médio foi direto para a faculdade de "Ciência da Computação" da PUC-SP, aonde se graduou (bacharelado) e desenvolveu alguns trabalhos de pesquisa, principalmente voltados a inteligência artificial aplicada métodos de ensino e análises de processos em empresas.

Hoje é um engenheiro de software formado pela PUC-SP que possui a própria empresa e já desenvolveu desde aplicativos simples até sistemas de venda, sistemas de análises processuais, incluído principalmente no ramo têxtil, trabalhou também no ramo de serviços de engenharia ambiental, civil e no ramo financeiro. Com experiência em empresas de grande porte e também Startups.

O autor busca com o livro disseminar o conhecimento fundamental sobre ciência da computação, desfocado de especificidades de tecnologia e voltado completamente ao desenvolvimento intelectual da faculdade do pensamento humano. O livro trata de paradigmas de pensamento, metodologias, arquiteturas, funcionamento e gestão de recursos computacionais.

Introdução

A computação se divide em algumas divisões, algumas delas são por exemplo: redes, desenvolvimento de software, infraestrutura e entre outras. Este livro vai passar por várias destas divisões ligando pontos comuns entre vários pontos diferentes da computação. O objetivo do livro é fundamentar de forma breve e didática alguns conceitos de computação que um engenheiro de software precisa ter "na ponta da língua" para exercer sua profissão.

Este livro é o primeiro de uma sequência de livros fundamentais para desenvolvimento de software. O foco do livro é desenvolvimento, arquitetura, e gestão de software, isto significa que não abordaremos com tanta profundidade por exemplo arquitetura de hardware de computadores. Em contra partida, temos um foco em conceitos e fundamentais de orientação a objetos e arquitetura de software utilizando desenvolvimento orientado a objetos com exemplos semelhantes aos da vida real.

Muitas universidades trazem muitos destes conceitos que serão expostos no livro, porém o estudante precisa de um registro dos fundamentos para poder consultar quando necessário, tanto quanto profissionais que desejam ter um manual da base conceitual reforçada, isto é, se estudaram em uma faculdade, precisam de uma base para tomadas de decisões e entendimento profundo de ações do dia a dia.

A computação é, em comparação com outras faculdades do conhecimento humano, é uma região de estudo recente, ainda mais quando comparamos com engenharia civil, arquitetura e entre outras tão mais antigas. Os conceitos que possuímos hoje na computação muitas vezes são paradigmas herdados de outras faculdades do pensamento humano, filosofia, arquitetura, e entre outros.

A matemática é muito importante no desenvolvimento da computação, trabalhamos no livro com computação binária, aonde tudo é formado por zeros e uns. Antes de começarmos o material computacional sobre software passamos sobre dois aspectos da computação, o binarismo e lógica. Lógica trabalha resultados de verdadeiro e falso, utilizando também a lógica do binarismo para representação de muitos resultados. Temos na lógica representações de condicionamentos "e"s e "ou"s que nos permitem construir fórmulas complexas baseadas em premissas que podem ser verdadeiras ou falsas. No estudo mais afundo de lógica existem os conceitos de tabela verdade e entre outros recursos, até mesmo redução de fórmulas lógicas.

O binarismo é utilizado para representar desde os aspectos mais básicos da computação até o mais complexo, utilizando fórmulas lógicas como condicionadores podemos construir algoritmos e definir caminhos de execução em diferentes situações. Além disto, utilizando a lógica binária podemos criar estruturas de dados. Organizando estruturas de dados e endereços de memória podemos criar nossas definições de objetos, classes, heranças, e entre outras características dos paradigmas atuais da computação.

Funcionamento

Este capítulo tem como objetivo introduzir peças de computadores relevantes para o entendimento dos capítulos que virão no livro. Isto significa entender seu encaixe, suas funções, e como afetam o funcionamento do computador e a experiência do usuário.

Peças principais

As peças consideradas principais para o funcionamento de um software de computador, vem da arquitetura de John Von Neumann. A arquitetura trabalha principalmente com uma CPU, uma unidade de armazenamento, uma unidade aritmética e lógica (ALU), e uma unidade de controle. Hoje em dia, os computadores são mais complexos do que somente estas peças, e podemos listar as principais peças como as que serão expostas.

Processador

É responsável por contas matemáticas que transformam os dados armazenados no resultado esperado, isto significa, que é responsável pelas contas básicas matemáticas. Vamos ver em breve neste livro que os dados são gravados como números, e números representados por sequencias de 1 e 0 (binarismo). Assim, para termos informações úteis em nossas telas de computadores, sempre precisamos do processador para fazer conversões (feitas por contas matemáticas), contas, mudanças de endereçamento e entre outros.

DRAM

Quando falamos de arquitetura de computadores, é impossível trabalharmos sem possuir alguma forma de armazenamento de dados. Muitos conhecem HDs(Hard Drives), SSD(solid-state drive), memória RAM e entre outros mecanismos de armazenagem. A DRAM é a chamada Dynamic Random Access Memory, ou dynamic RAM, que é uma forma mais veloz de armazenamento, alteração, remoção e leitura de dados do que a SRAM.

Nada mais é do que uma forma de armazenagem dinâmica, isto significa que seus valores armazenados não são persistidos após o computador ser desligado, conceito da memória RAM dos computadores atuais. Manipulação de dados é muito mais veloz pois normalmente utiliza de eletricidade, capacitores, cargas para armazenar suas informações e para mantê-los armazenados é necessário receber cargas constantes de energia, por isso não persiste após o desligamento do computador.

SRAM

O outro tipo de armazenamento é o estático, por isso, o nome desse conceito é Static Random Access Memory.

Este tipo de armazenamento persiste o dado após o desligamento do computador, pois utiliza formas físicas de armazenamento de dados, dois exemplos conhecidos é a gravação em discos e silício.

Por não utilizar meios elétricos para a armazenagem em si do dado, sofre por ter acesso mais lento do que a DRAM.

Naturalmente também, é armazenado de forma diferente, e os dados possuem uma estrutura de dados, enfileiramento e entre outras características do que a DRAM, e depende do sistema operacional utilizado.

São uma forma de armazenamento indispensável para os computadores contemporâneos, sem esse tipo de armazenamento não poderíamos manter um dado no computador de um dia para o outro sem manter o computador ligado.

Arquitetura de computadores

O livro vai ser breve quanto a este tópico, que é muito abrangente, pois nosso foco é voltado ao engenharia de software.

O funcionamento da arquitetura de computadores é baseada no binarismo, que é uma forma de lógica onde somente é considerado sim ou não (1 ou 0).

Hoje em dia trabalhamos com muitas funções ao mesmo tempo, vários softwares ao mesmo tempo. Isso é possível por causa de uma ilusão de que múltiplas tarefas são executadas ao mesmo tempo pela CPU. Isto significa que o computador cria diferentes trilhas de execução e reveza o processamento delas.

Para entendermos melhor, temos um exemplo, temos dois programas diferentes que fazem um processo de vários cálculos matemáticos.

Iniciamos a execução dos dois programas com uma diferença de tempo irrisória.

Os dois definem suas trilhas de execução, um passo a passo "descritivo" (algoritmicamente descrito) e começa naturalmente a ser executado, porém o computador tem que dar a impressão de que está executando os dois ao mesmo tempo, então o computador define uma lista de programas que deve executar.

1º - |Programa 1|

2º - |Programa 2|

Feito isso, o computador possui um número de "clocks" por segundo, isto significa que ele executa esse número de comandos (de máquina) por segundo. O computador define um número de comandos a serem executados antes de mudar de programa, normalmente é chamado de "pipeline" do processador. Digamos para o nosso exemplo que o processador possui um pipeline de "5".

Buscamos as instruções de cada programa, e temos:

Programa 1 -> Somar 1+2, Somar 2+3, Somar 3+4, Somar 4+5, Somar 5+6, Somar 6+7.

Programa 2 -> Mult 1*2, Mult 2*3, Mult 3*4, Mult 4*5, Mult 5*6, Mult 6*7.

O processador vai executar:

Clock 1 – Pipeline 1 - Programa 1->Somar 1+2

Clock 2 – Pipeline 1- Programa 1->Somar 2+3

Clock 3 – Pipeline 1- Programa 1->Somar 3+4

Clock 4 – Pipeline 1- Programa 1->Somar 4+5

Clock 5 – Pipeline 1- Programa 1->Somar 5+6

Clock 6 – Pipeline 2- Programa 2->Mult 1*2

Clock 7 – Pipeline 2- Programa 2->Mult 2*3

Clock 8 – Pipeline 2- Programa 2->Mult 3*4

Clock 9 – Pipeline 2- Programa 2->Mult 4*5

Clock 10 – Pipeline 2- Programa 2->Mult 5*6

Clock 11 – Pipeline 3- Programa 1->Somar 6+7

Clock 12 – Pipeline 4- Programa 2->Mult 6*7

E assim, sendo o nosso processador capaz de executar, por exemplo, "2.000" clocks por segundo, isto acontece em menos de um segundo e parece que os dois programas foram executados ao mesmo tempo.

Binarismo

O binarismo trabalha com fórmulas, comandos, estruturas de dados, e entre outros que possuem somente duas opções de representação, sim ou não, podendo ser concatenadas. Na computação utilizamos "1" ou "0". Assim utilizando 1 ou 0, concatenados ou não podemos representar desde números, até estruturas de dados complexas, fórmulas, instruções, e entre outros.

Para trabalhar com as representações do binarismo, antes precisamos trabalhar com estruturas mais simples para o ser humano manipular. O estudo da lógica é uma delas.

No estudo da lógica trabalhamos com o conceito de premissas, isto significa que temos certas verdades que admitimos para poder trabalhar em um contexto. Assim temos as pré-condições para que uma fórmula lógica funcione.

A fórmula define o modelo de domínio da pós-condição, isto significa que temos um conjunto de premissas, e uma fórmula que após um processamento gera um resultado. Falando em termos matemáticos: possuímos um gráfico X abcissa, Y ordenada. O "X" são os parâmetros de entrada, "Y" o resultado da nossa fórmula, trabalhamos assim com "Imagem" e "Domínio".

Falando em termos de engenharia de software, falamos de programação por contratos, onde existe uma pré-condição e uma pós-condição.

Existe uma correlação entre os três tópicos, matemática, lógica e programação, este é, dentre alguns outros, os operadores.

Na lógica básica possuímos como operadores básicos: "e", "ou" e "não". Os operadores "e" e "ou" são utilizados para descrever condições, e a negação para trazer a exclusão de um conjunto de possibilidades. Matematicamente possuímos os operadores básicos "+" e "*", representantes respectivamente dos operadores lógicos "ou" e "e". Todas as linguagens de programação implementação os condicionadores lógicos.

Podemos representar os operadores lógicos básicos com estes desenhos:

Condição "E":

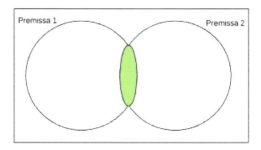

Condição "Ou":

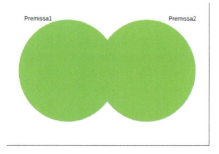

Condição de "Ou" com negação:

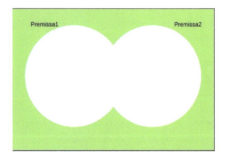

Assim como podemos representar funções utilizando o binarismo, precisamos também representar dados. Já sabemos que um computador trabalha somente com uns e zeros. Sabemos então que precisamos representar dados com uns e zeros, e para exemplificar como isso é feito devemos começar com os outros números, isto é, mostrar como são representados outros números além de uns e zeros.

A representação é feita da seguinte forma, temos a tabuada do dois: 2, 4, 8, 16, 32, 64, 128, 256, 512, 1024, 2048 e em diante. Entendemos que começamos ela no um, pois é o caractere básico que temos: 1, 2, 4, 8, 16, 32, 64, 128, 256, 512, 1024, 2048.

Para representar outros números posicionamos os zeros aonde nos caracteres que não queremos considerar para a formar o nosso número, e "um" no número que queremos considerar. Com o número "um" e a tabuada do dois podemos representar todos os números possíveis. Por exemplo o número 3:

1	1	0	0	0	0
1	2	4	8	16	32

Então binariamente temos para representar o número 3, a sequência "110000", lembrando que os zeros à direita nesse caso são irrelevantes, podemos colocar quantos quisermos.

A conta que foi feita foi "1 + 2 + 0 + 0 + 0 + 0 = 3".

Vou representar mais alguns números para fins de exemplos (sempre com 6 posições de tamanho):

3 = 110000 = 1+2

4 = 001000 = 4

17= 100010 = 1 + 0 + 0 + 0 + 16

52= 001011 = 0 + 0 + 4 + 0 + 16 + 32

31= 111110 = 1 + 2 + 4 + 8 + 16

Para finalizar a representação de números, temos que compreender que cada um ou zero que o computador utiliza é considerado um "bit". Normalmente são utilizadas oito posições para representar um número, então se utilizam 8 "bits", ou um "byte".

Lógica

Com códigos binários para representar números podemos concluir:

-Existe um número limite máximo para a representação em um computador, pelo fato de o binarismo nos limitar a duas opções a cada bit (1 ou 0), podemos calcular o número máximo possível por byte como dois elevado a oito.

Opções (Byte) | 2 || 2 || 2 || 2 || 2 || 2 || 2 || 2 |

Portanto as possibilidades são 2 * 2 * 2 * 2 * 2 * 2 * 2 * 2.

Temos que levar em consideração que boa parte desses números devem ser negativos e um é o zero.

Determinadas essas possibilidades de marcações de números, precisamos de formas de representar letras, para assim podermos entender e realizar operações mais complexas. Claro que também foi necessário criar regras de marcações de palavras, assim foram criados os códigos ASCII(American Standard Code for Information Interchange), que representam todos os caracteres possíveis de representação em um computador.

Neste padrão (ASCII), utiliza-se 2 bytes e encontra-se representantes em binário, de como por exemplo a letra "a", "A", "B", "v" e entre todas as outras.

Criando as representações necessárias para criar operações mais complexas, o que nada mais é do que criar a simbologia necessária para representar uma linguagem humana que possua comandos, seleções e endereçamentos (armazenamentos). Isto engloba em seleções as operações lógicas, o conjunto de comandos cria os processos, e os endereçamentos, dados armazenados, são as premissas do sistema lógico.

Assim podemos começar a trabalhar os comandos de uma linguagem de programação, a linguagem de programação mais próxima dessas representações é o "assembly". O "assembly" lida com endereçamentos e cálculos matemáticos no estado mais primitivo que o ser humano consegue trabalhar, por quase não precisar de conversões o "assembly" naturalmente é mais rápido do que as outras linguagens de programação.

Mas o "assembly" é uma linguagem difícil para arquitetar e dar manutenção, programaticamente falando, manutenção significa lidar com modificações após a solução estar pronta.

Para resolver o problema da dificuldade do "assembly" foram criadas linguagens, que como chamamos, possuem um nível de abstração "mais alto", isto significa que é mais distante da visão computacional e mais próxima da linguagem humana, seja utilizando inglês, português, ou qualquer outra língua do ser humano. Desta necessidade surgiu linguagens de, hoje consideradas, de baixo nível, que são de nível de abstração mais alto do que o "assembly", linguagens como C, Fortran e entre algumas outras.

Foram criados sistemas operacionais para facilitar a interação humana com o computador, todas utilizando linguagens de mais alto nível de abstração do que o "assembly", como C.

No C, as operações lógicas eram mais claras, utilizando seleções como "if"("se" em inglês), "else"("senão" em inglês), while("enquanto" em inglês) e entre outras operações, esta similaridade com a língua inglesa, e a facilidade de programar o fluxo da informação, e criar as operações lógicas, tornava muito mais simples de programar um comportamento computacional.

Conforme a complexidade dos softwares foi crescendo, e os paradigmas foram evoluindo para suportar arquiteturas mais complexas e de diferentes tipos de utilização, foram criadas linguagens de programação de nível de abstração mais alto.

13

Contas

Uma explicação sobre as duas operações básicas matemáticas que são realizadas pelo computador no binarismo.

Soma:

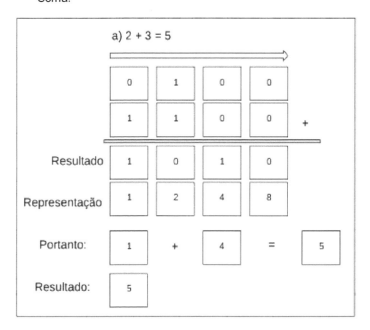

A Regra é, "caso 1 + 0 ou 0 + 1 = 1", "1 + 1 = 0 e sobra 1 para o próximo bit". Por isso, temos que 0100 + 1100 resulta em 1(1+0)0(1+1)1(sobra do 1+1 do bit anterior)0.

Multiplicação:

Função de soma chamada várias vezes.

Estruturas de Dados

Com as representações criadas para traduzir o que o ser humano deseja e os comandos enviados para o computador, foram criadas representações mais complexas para representarmos desde os mais simplórios dos tipos até os mais complexos.

O conceito que é utilizado para representações é: "o objeto é relevante da forma que entendemos ele", assim, um copo por exemplo possui milhares de representações, características, e entre outros, porem descrevemos o copo da forma que ele é relevante em nossas vidas. Para um ser humano, um copo, pode ter cor, material, deve servir para colocar líquidos, então deve ter uma concavidade, dentre outras características.

Aplicando a lógica de tipos primitivos, temos que entender que atualmente temos, caracteres: do tipo 'A', 'B', e entre outros, e temos números: 1, 2, 3, 4 e entre outros. Para representar um copo precisamos de mais um tipo, uma concatenação de caracteres, vamos chamar de cadeia de caracteres, ou cadeia (em inglês, "string"). Que nada mais é do que códigos ASCII concatenados para representar uma sequência de caracteres, vamos ver mais para frente que poderá ser aplicado de várias maneiras, por listas ligadas (vamos aprender em breve) ou alguma outra maneira.

Assim teremos um copo, representado, conforme tratamos, basicamente por:

```
{
    Cadeia cor;
    Número grauConcavidade;
}
```

E entre outras características que podem ser relevantes para o nosso modelo.

Espaços de memória (Static, Stack e Heap)

Já vimos que um computador funciona com binarismo, e já vimos que é muito difícil programar aplicações grandes em linguagens como "assembly" e até mesmo em C, e Fortran. Conforme a ciência da computação foi melhorando a experiência de programação com linguagens de alto nível, arquiteturas mais desenvolvidas, e entre outros, também temos que saber dos três espaços de memória utilizadas pelo computador ao executar um programa.

Primeiramente vale ressaltarmos a estrutura das aplicações, e o conceito de máquinas virtuais. Existe a linguagem que chamamos de "máquina", e foram criadas camadas para facilitar o desenvolvimento humano. Para facilitar a interação do ser humano com o computador foram criados sistemas operacionais, que não necessariamente necessitam de uma "interface" (telas, botões, sistemas de comunicação humana com a máquina) amigável, dá-se o exemplo de vários tipos de Linux. Entretanto, sistemas operacionais para usuários não familiarizados com linhas de comandos necessitam ter uma interface de usuário intuitiva. O sistema operacional nada mais é do que uma máquina virtual que facilita a interação com o computador físico. Um navegador de internet é também um sistema operacional e uma máquina virtual. Linguagens de programação, dá-se o exemplo do "Java", possuem normalmente máquinas virtuais como mecanismo de compilação, administração e gerenciador da inteligência da plataforma, no nosso exemplo (Java) temos a máquina virtual Java.

Conhecendo os sistemas operacionais, precisamos entender o ciclo de vida de uma aplicação dentro de um sistema operacional: momento de inatividade, momento da carga, e momento de execução.

Inatividade: Aplicação desligada.

Carga: Carregamento da aplicação.

Execução: Aplicação sendo em execução.

Isto foi uma descrição de nível técnico baixo. Conforme desenvolvermos a ideia de uma aplicação em um sistema operacional, vamos refinando. Um sistema operacional tem dois tipos de processo: o processo leve, e o processo normal. O processo leve costuma ser chamado de trilha ("Thread" em inglês) de execução, o processo normal é uma aplicação a ser executada, por exemplo.

A diferença é basicamente que quando um processo leve é executado, é criada uma trilha de execução que o processador segue, ele precisa de menos informações para funcionar em comparação com o processo normal, o processador percorre as instruções, o processo normal é carregado no computador e entra na sequência de execução do computador.

Existem três tipos de espaços de memória, que são carregados nos diferentes momentos de vida de uma aplicação. São eles:

"Static": é um espaço de memória que existe antes da instância/inicialização da abstração de computador, uma abstração de computador é, por exemplo, um objeto da orientação a objetos. Isto significa que a variável existe, mesmo sem a instância do objeto. Isto ficará mais claro nos próximos capítulos, por hora vale a anotação de que este é um bom exemplo.

"Stack": é um espaço de memória que é "alocado" no carregamento da aplicação, isto é, o processo de abertura do programa, uma das coisas que é feita é a reserva de alguns espaços de memória para variáveis que o sistema operacional já sabem que vão existir, estas são gravadas no "Stack".

"Heap": é um espaço de memória dinâmico, que trabalha com alocação de espaços dinâmica, responsável também por alocação de espaços de memória para os dados de variáveis do tipo ponteiro (linguagem C), por exemplo, ou instâncias de objetos (Orientação a Objetos), vamos aprender melhor estes conceitos nos próximos capítulos, por hora, vale a anotação de que são bons exemplos.

Tendo em mente os três espaços de memória, temos a reserva de espaço para "static", que existe indiferentemente de instâncias de seus respectivos objetos, "stack" que tem seu espaço alocado no momento de carregamento da aplicação e "heap" que pode ter dados gravados a qualquer momento, local aonde são gravadas as instâncias de objetos por exemplo, e que é normalmente utilizado por processos em momento de execução.

Tipos primitivos

Tipos de dados primitivos são os tipos representados por uma estrutura de dado, sem derivativos, apontamentos e entre outros. Por exemplo, um número é representado por uma estrutura de dado única que já é o valor. Uma estrutura chamada "Soma", que é representada por dois números, digamos "X1" e "X2" para serem somados em uma variável, digamos "Y" (resultado da operação), possui apontamento para três variáveis do tipo de dado "número". Isto torna a estrutura "Soma" uma estrutura de dados complexa.

Com o binarismo apresentado anteriormente vimos que foi possível a identificação de números, caracteres e cadeias de caracteres. Uma cadeia de caracteres, por exemplo, não é um tipo primitivo, afinal é composta por uma sequência de caracteres. Muitos tipos de cadeias de caracteres (em inglês representadas pelo nome "string") é implementada por meio de um tipo de estrutura de dados chamada "lista ligada".

Vale, antes da explicação sobre listas ligadas, explicar que implementar significa "tornar real", então implementar uma cadeia de caracteres, por exemplo, significa tornar real uma cadeia de caracteres, fazer a construção da estrutura de dados e suas funções.

Temos que um caractere, descrito pelo código ASCII, que já falamos sobre, pode ser representado, por exemplo, utilizando um byte. Seja um byte, e tenhamos a letra "A". Queremos que esta letra seja concatenada com várias outras. Para isto precisamos de uma estrutura que organize os caracteres em sequência, assim uma estrutura de dados complexa do tipo "Lista", que aceite receber novos itens. Temos a premissa que nossa lista precisa ser do tipo "Lista de caracteres". Para fazer uma estrutura de dados do tipo "Lista de caracteres" precisamos criar apontamentos dinâmicos de um caractere para outro, assim precisaremos utilizar apontamentos, de um caractere para outro.

Podemos trabalhar com uma estrutura que tenha o caractere atual e o endereço do próximo:

```
Bloco {
    Caractere c;
    Bloco proximo*;
}
```

Temos que, na nossa representação "*" significa que a variável (no caso a variável "proximo") é um ponteiro, isto significa que o dado está gravado no espaço de memória "Heap". Assim podemos alocar dinamicamente novos "Blocos" ligados a outros e com variáveis do tipo caracteres, assim adicionando novos caracteres a nossa lista.

No nosso exemplo "{" e "}" definem os limites de escopo de nossas estruturas.

Utilizando a variável bloco podemos criar ligações desta maneira:

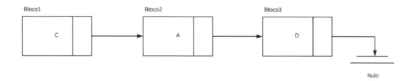

No exemplo, nossa lista de caracteres possui a sequência "C", "A" e "D", formando o texto "CAD".

Esta, porém é somente a estrutura de dados que representa nosso bloco de memória, a lista em si, que disponibiliza a organização do primeiro apontamento, último e entre outros precisa também ser criada:

```
ListaDeCaracteres{
    Bloco primeiro*;
    Bloco ultimo*;
}
```

Assim podemos utilizar nossa primeira lista de caracteres, caminhando até o último apontamento e quando o valor da variável "proximo" não possuir valor, adicionamos um novo caractere.

Assim, o algoritmo para adicionar um item na lista, seria algo como:

```
AdicionarBloco(ListaDeCaracteres listadeCaracteres){
    Bloco bloco* = listadeCaracteres.primeiro;
    Numero adicionado = 0;
    Repita enquanto adicionado == 0{
        Se (bloco.proximo == nulo){
            Bloco novoBloco;
            NovoBloco.caractere = "B";
            Bloco.proximo = novoBloco;
            Adicionado = 1;
        }
    }
}
```

Não é necessária a compreensão por completo do esboço do algoritmo somente o entendimento do conceito.

Com a elaboração da estrutura de dados "ListaDeCaracteres", temos esta representação:

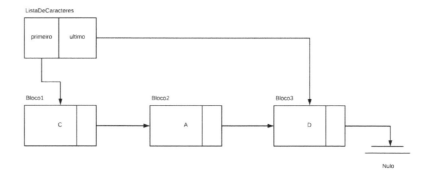

Desenvolvida a comparação de tipos primitivos e tipos complexos, podemos dizer que temos como tipos primitivos conhecidos: caracteres (letras), números e valores binários (verdadeiro ou falso, representados por um e zero).

Alguns tipos complexos que vamos ver que podem ser utilizados como exemplos são: data e hora, listas, árvores e entre outras.

Tipos complexos

Não existe um número exato de tipos complexos, porém eles podem ser identificados. Um tipo complexo pode ser a representação de qualquer coisa que quisermos, da forma que quisermos. Podemos representar desde um copo quando uma cadeia de produção de uma fábrica. Além das diferentes representações que podem ser, também podem utilizar de vários mecanismos e paradigmas de representação diferentes, temos o exemplo da orientação a objeto, bancos de dados (que utilizam tabelas), UML (Unified Modeling Language) e entre outros.

Tendo isto em mente já foi explicada a primeira estrutura de dados complexa, a lista ligada. Construímos as estruturas de dados de uma lista ligada e seus blocos, que só possuem a capacidade de caminhar para blocos "da frente", pois somente colocamos a variável "próximo" no nosso bloco, assim não sabemos o anterior do bloco em questão.

Digamos que quiséssemos caminhar também utilizando os anteriores, teríamos que criar a chamada "lista duplamente ligada", ligando também o anterior em uma variável, criando a seguinte representação:

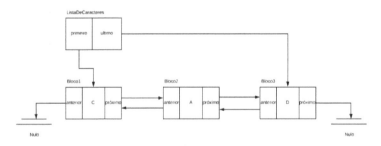

Observemos que agora cara bloco ganhou uma variável chamada "anterior" que liga o bloco em questão ao seu respectivo anterior. Assim como antes, o último bloco possui valor nulo para a variável próximo, porém diferentemente de antes, a representação em questão possui no primeiro bloco a variável anterior como nulo.

E poderíamos utilizar vários tipos de representação de listas diferentes, com ou sem cabeçalho, com ou sem fim, ligar o último bloco ao primeiro, e entre outros.

Vamos começar a falar sobre árvores. Árvores são estruturas de dados que são utilizadas, normalmente, para buscas, sendo possíveis buscas por profundidade, buscas por largura, representações diferentes, por exemplo, árvore vermelha e preta, árvore "BTree Plus" (utilizada em muitos bancos de dados), e entre vários outros tipos, vamos começar a explorar as possibilidades.

Primeiramente é importante dizer que uma árvore é representada de cima para baixo. Árvores possuem caminhamentos, e caminhamentos são complementados pela ação de identificação do valor, assim acontecem as buscas por valores de um banco de dados, por exemplo.

Um caminhamento, em outras palavras significa navegar entre os dados da árvore. Uma árvore é composta por nós e conexões, os nós representando o dado em si, e as conexões a ligação que levam um dado ao outro.

Pensando assim, uma arvore binária pode ser representada, por exemplo, por essa imagem:

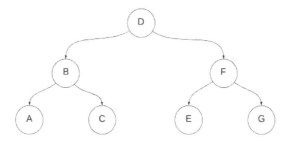

Representando assim, temos o "D" com a ligação esquerda ao "B", e ligação direita ao "F". A árvore sempre vai começar o caminhamento pelo nó raiz (D). Do nó raiz (D), pode-se alcançar os nós "B" e "F". Do "B" podemos caminhar para a letra "A" ou letra "C". Assim pode-se fazer a buscar por dados.

Em uma árvore binária o lado esquerdo e direito normalmente tem significado de "menor" e "maior", assim, no nosso exemplo, a primeira entrada foi "D". A segunda inserção de dados foi "B", e depois "F", então seguiu a sequência: A, C,E e G. A sequência de inserção, por fim ficou "D", "B", "F", "A", "C", "E" e "G". Desta maneira a árvore fez esta sequência de encaixes:

1)

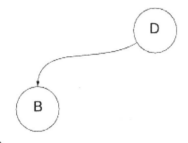

2)

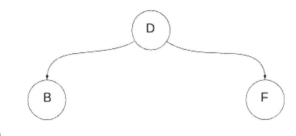

3)

24

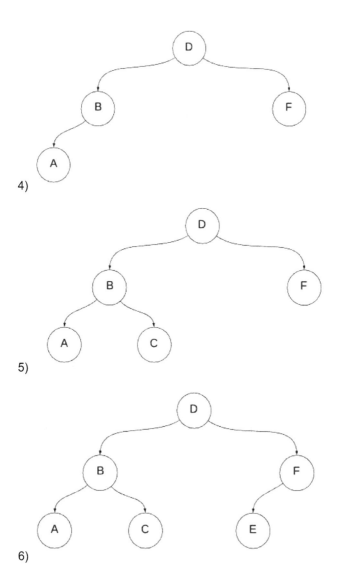

4)

5)

6)

25

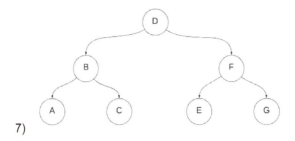

7)

Sequência de inserção: D, B, F, A, C, E e G.

Feito este exercício de inserção dentro da estrutura de dados (árvore binária), podemos então trabalhar com o conceito de caminhamento.

Primeiramente, vamos falar sobre o caminhamento em profundidade. Para realizar o caminhamento em profundidade vamos utilizar uma outra estrutura de dados auxiliar, chamada "Pilha". Uma pilha não possui busca, ela possui duas funções principais, "push" (colocar) e "pop" (retirar). A operação "push" coloca um item novo no topo da pilha, a operação pop retira o último colocado.

Podemos representar o push assim:

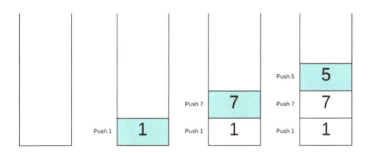

26

E o "pop" assim:

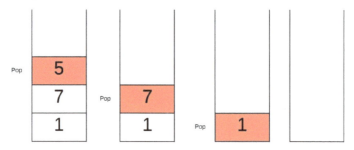

E assim temos a mecânica da pilha, podemos então começar a fazer o caminhamento em profundidade na árvore. Visualmente, os seres humanos conseguem identificar os caminhos possíveis e encontrar a letra que deseja com facilidade em uma árvore, entretanto, o computador manipula dados, não possui visão e nem noção intuitiva, por isso precisamos da pilha no algoritmo para saber para aonde voltar quando esbarrarmos em um nó da árvore sem continuidade.

Digamos que estejamos buscando a letra "G".

Sempre começando do nó raiz, vamos começar pelo "D".

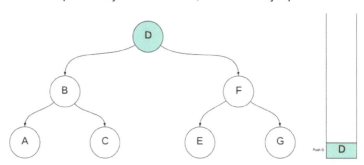

Vamos tomar como padrão sempre aprofundar primeiro do lado esquerdo, poderia ser tanto o esquerdo quanto o direito, vamos utilizar o esquerdo por ser considerado mais intuitivo para começar. Sendo assim, seguindo o algoritmo seguiremos para a letra "B".

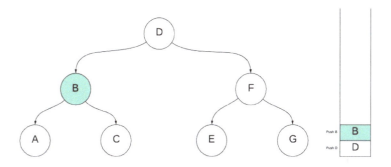

Sempre aprofundamos para o nó esquerdo primeiro, então, seguiremos o caminhamento para "A".

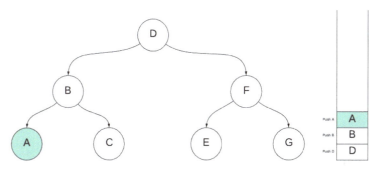

Ao chegar a um nó sem saída, o algoritmo utiliza da pilha para voltar um nó e procurar no nó do lado direito. Mas precisamos de um mecanismo para, quando voltarmos um nó, saber se ele já foi acessado ou não, para então saber se o computador deve seguir para direta ou esquerda. No nosso exemplo, ao voltar para o "B" temos a opção novamente de ir para "A" ou ir para "C", neste momento, precisamos de uma marca para identificar que já seguimos pelo nó esquerdo e agora é necessário ir para o direito. Para isso marcamos os nós ou suas arestas.

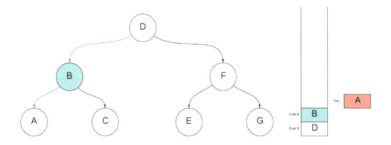

Marcando as arestas já acessadas, o algoritmo vai saber para aonde ir. Voltando ao "B", e a aresta de "A" já acessada, só sobre o caminho para "C".

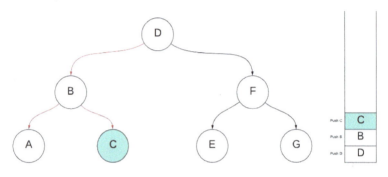

Sendo "C" um nó sem continuidade, o algoritmo deve executar o "Pop", quando chega ao "B" não existem mais arestas não acessadas, então, deve receber mais um "Pop". Após os "Pops" de "C" e "B", o algoritmo volta para "D". "D" possui uma aresta não acessada, a que faz a ligação com "F". E continuaremos o algoritmo até encontrar o "G".

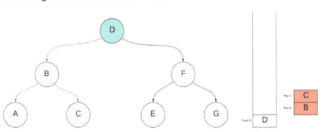

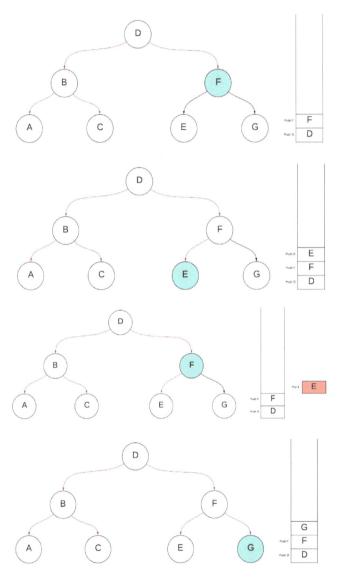

E por fim, o "G" é encontrado. É desta maneira que funciona o caminhamento em árvore binária. Nesta representação utilizamos letras, montamos uma árvore de caracteres, porém bancos de dados, além de utilizarem um formato de árvore mais complexo (BTree Plus), utilizam a construção dessas árvores para organizar índices, chaves primárias (ainda será explicado) e entre outros.

Um problema conhecido das árvores no geral é o possível desequilíbrio entre os lados dependendo da ordem que ocorrem as inserções dos dados. No nosso exemplo, o primeiro caractere a ser inserido foi "D", perfeito para não termos que rotacionar a árvore. Com o "D" na raiz, os outros caracteres se dividiram igualmente entre os nós, porém, caso a primeira entrada fosse "F", a árvore ficaria assim:

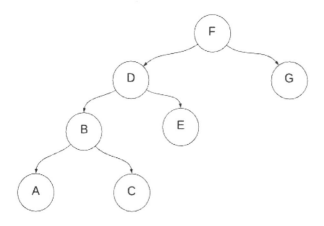

Sequência de inserção: F, D, B, A, C, E e G.

E esta árvore está desequilibrada, note que para buscar o "A" é necessário buscar "F", "D", "B", e então chegar em "A", esta é a altura do lado esquerdo da árvore. Para chegar à altura do lado direito, só temos que caminhar um nó, pois o próximo ("G") já é o último da árvore.

Na maior parte dos casos, a árvore acaba desequilibrada, por conta da aleatoriedade do mundo real. Podemos lidar com uma árvore de nomes de usuários ou idades de usuários, e entre outros. Naturalmente a árvore acaba precisando de uma ou mais rotações, na maioria dos casos de rotações, ela ocorre nos nós, não na raiz como vamos fazer, entretanto, o conceito e o algoritmo de rotação, se mantém os mesmos.

Caso o "F" fosse a primeira entrada, precisaríamos rotacionar a árvore para a direita, assim a equilibraríamos. Para rotacionar, o algoritmo seria assim:

Para rotacionar para a direita, descer para o nó esquerdo e desvincular o nó direito. Vincular a raiz como novo nó direito do antigo nó esquerdo. O antigo nó direito (no nosso exemplo seria "E") vai para o lado direito da árvore como novo nó esquerdo da antiga raiz. Assim:

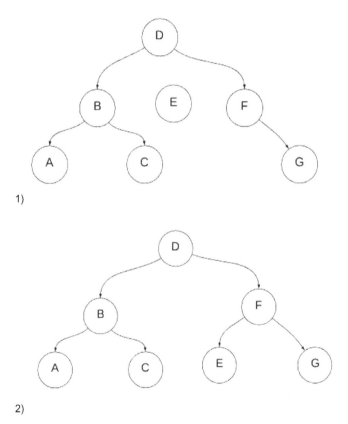

1)

2)

E então a árvore estaria equilibrada. Existem casos que exigem mais de um tipo de rotação.

Existe também a necessidade de rotacionar um conjunto de nós específicos, e não necessariamente utilizar a raiz.

Aqui utilizamos sete caracteres, bancos de dados fazem este tipo de operação com árvores mais complexas, ordens aleatórias de inserção e milhões de registros por segundo.

Árvores são utilizadas também para tomadas de decisões e probabilidades em inteligência artificial. Quando um computador joga um jogo de damas por exemplo, é construída uma árvore de possibilidades de jogadas, aonde o computador, ao realizar as jogadas, calcula a probabilidade de ganhar a partida levando em consideração, além de suas partidas e jogadas anteriores, as jogadas possíveis do adversário.

Grafos

Grafos e árvores possuem em comum caminhamentos. Saímos do conceito de árvores para poder falar de uma estrutura de dados mais complexa, grafos são muito utilizados em inteligência artificial, e para caminhamentos mais complexos, por exemplo ruas, aplicações de geolocalização e entre outros.

Um grafo não necessariamente precisa ser escrito de cima para baixo, e não necessariamente precisa ser conexo.

Alguns exemplos de grafos:

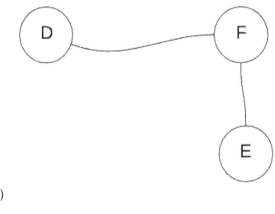

1)

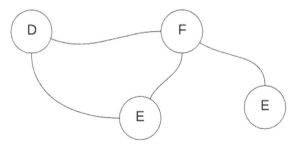

2)

Entre outras possibilidades.

Um grafo possui caminhamento em profundidade e caminhamento em largura. E seus caminhamentos também utilizando estruturas de dados auxiliares (pilhas, filas, entre outros), marcando arestas, com cores diferentes e entre outras metodologias.

Bancos e manipulação de dados

Bancos de dados podem ser implementados (tornado reais) de muitas maneiras. Qualquer estrutura de armazenamento de dados é considerada um banco de dados, inclusive físicas. Não vamos entrar nas metodologias físicas, porém, é importante compreendermos que até mesmo um sistema de pastas e arquivos em um sistema operacional é considerado um banco de dados. Sistemas operacionais normalmente utilizam um sistema de banco de dados que vincula nomes de arquivos a endereços físicos de memória para tornar a interação com o sistema mais intuitiva.

Quando se utiliza ou manipula-se dados é necessária a divisão lógica das operações de manipulação de dados, normalmente as operações lógicas não utilizam a visão algorítmica que vimos até agora, as linguagens são imperativas. Isto significa que construímos uma base de regras e um motor de inferência utiliza os dados para identificar a compatibilidade com determinado conjunto de dados.

Sistemas baseados em conhecimento são um conjunto de três componentes principais, um motor de inferência, que é responsável por, dentre outras coisas (Ciclo M.I. - R.S.A – reconhecimento, seleção e ação), agendamentos de regras que são compatíveis com determinado conjunto de fatos dentro da base de dados.

O componente que armazena os fatos, podem armazenar também objetos, e em diferentes formas, árvores, listas ligadas e entre outros. O componente que armazena os fatos se chama memória de trabalho (M.T.). O componente de armazenamento de regras e o conjunto de comandos é chamado de base de conhecimento (B.C.).

Então, temos este conjunto de componentes:

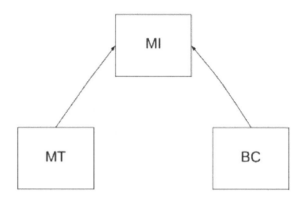

Em outra forma, menos abstrata, de raciocinar, os fatos podem ser arquivos em uma tabela de banco de dados, as regras podem ser as condições em uma "query" de banco de dados, o motor de inferência o serviço que vai interpretar as regras da "query" e selecionar os dados (fatos) da memória de trabalho conforme as regras.

Para exemplos ainda menos abstratos podemos citar exemplos da vida real, um deles é:

1)
M.I.: MySQL.
B.C.: Escrita em SQL.
M.T.: Páginas de dados, representadas por tuplas e tabelas que são relacionadas utilizando álgebra relacional.

2)
M.I.: MongoDB.
B.C.: Escrita em JavaScript.
M.T.: BSON (Binary JavaScript Object Notation), gravado em forma de documentos e não relacional.

Esses são dois exemplos de bancos de dados robustos que funcionam de maneira diferente.

Os bancos de dados relacionais funcionam com um sistema de permutação de dados, para fazer equiparações e selecionar somente as linhas corretas. Isto significa que, possuindo diferentes tabelas – Tabela A e tabela B - que se relacionam por uma coluna que indica a respectiva linha na outra tabela precisa permutar todas as linhas para poder selecionar somente as que possuem as duas colunas (da tabela A e da tabela B) condizentes. Sendo mais prático:

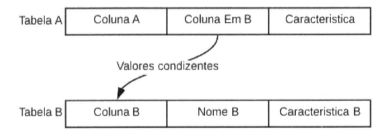

E dados supositórios:

Tabela A

Coluna A	Coluna Em B	Caracteristica
1	1	A
2	1	B
3	1	C
4	3	D
5	3	E

Tabela B

Coluna B	Nome B	Caracteristica B
1	Alfredo	B2
2	Geraldo	Bd
3	Emerson	Bq
4	João	B6
5	Bruno	B9

Digamos que queremos selecionar a "Característica B" de todos que tem "Característica = A".

Vamos fazer uma intersecção entre "Tabela A" e "Tabela B" aonde "Coluna em B = Coluna B". Em SQL podemos colocar fazer:

```
SELECT Caracteristica_B FROM TABELA_A
INNER JOIN TABELA_B
ON Coluna_em_B = Coluna B
WHERE Caracteristica = 'A'
```

Para fazer esta intersecção entre "Tabela A" e "Tabela B" o computador é obrigado a fazer a permutação das possibilidades.

Tabela Temporária

Coluna A	Coluna Em B	Caracteristica	Coluna B	Nome B	Caracteristica B
1	1	A	1	Alfredo	B2
1	1	A	2	Geraldo	Bd
1	1	A	3	Emerson	Bq
1	1	A	4	João	B6
1	1	A	5	Bruno	B9
2	1	B	1	Alfredo	B2
2	1	B	2	Geraldo	Bd
.	.	.	.	.	.
.	.	.	.	.	.
.	.	.	.	.	.

Marcado está o único resultado da seleção, pois é a única permutação que possui o mesmo valor na "Coluna em B" e "Coluna B" que é aonde determinamos que vai acontecer nossa intersecção e possui "Característica = A".

Então se possuirmos duas tabelas de cinco linhas (como no nosso exemplo), para cada seleção executada, o computador monta uma tabela auxiliar de cinco vezes cinco linhas (vinte e cinco linhas no total). A mesma coisa vale para se tivermos duas tabelas, cada uma de cinco milhões de linhas, portanto cinco milhões vezes cinco milhões de linhas. Isto considerando um usuário acessando o banco, normalmente os bancos de dados, com exceção de bancos de dados internos, de aplicativos e entre outros dessa especialidade, costumam ser acessados por muitos usuários ao mesmo tempo. Naturalmente, são muitos os casos em que tabelas de milhões de linhas são acessadas concorrentemente.

Foram criados então mecanismos de sincronização de dados, para garantir a integridade do dado que está sendo visualizado. São feitos os chamados "locks" (trancas) em momentos diferentes e em entidades diferentes do banco, de forma a somente permitir um usuário manipular os dados por vez.

Importante ressaltar as operações básicas de manipulação de dados: criar, ler, alterar e deletar, em inglês identificado com as palavras "Create", "Read", "Update" e "Delete" (identificados também por C.R.U.D). Estas também são as operações que podemos executar em um banco de dados, e outras operações são combinações dessas operações básicas. No SQL por exemplo temos o "SELECT" (ler), "UPDATE" (atualizar), "DELETE" (deletar) e "INSERT" (criar), para representar as operações básicas.

Para fazer a leitura nem sempre é necessário trancar o registro ou a coluna ou qualquer propriedade da linha. Para realizar a operação de alteração precisa trancar os registros que forem ser alterados enquanto são alterados.

A forma mais comum para um banco de dados funcionar em um servidor é na forma de serviço do sistema operacional. O sistema operacional executa o serviço do banco de dados em sua inicialização, normalmente, e o serviço mantém sua execução em "plano de fundo" no sistema operacional, isto é, não afeta o funcionamento dos outros programas pois sua execução não fica exposta para o usuário do sistema operacional.

O serviço de banco de dados abre uma porta de rede no computador e fica ouvindo o que chega ao computador e o que sai via esta porta. O "MySQL" por exemplo utiliza como padrão a porta "3306", e a do "MongoDB" é "27017". Isto significa que o banco de dados recebe todas as mensagens transmitidas via rede utilizando uma porta configurada.

Um banco de dados possui um sistema gerenciador de banco de dados, que administra tabelas, bancos, usuários, permissões, "Jobs", procedimentos agendados e entre outras questões de usabilidade do serviço. Para questões de acesso aos dados gravados nas tabelas, as páginas de dados, e administração existe a engrenagem de banco de dados.

Esta imagem representa a estrutura de funcionamento:

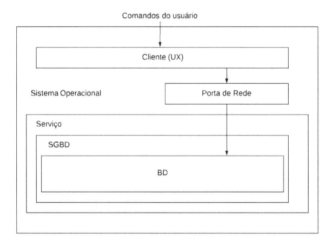

Um banco de dados trabalha com estruturas primitivas de dados para montar tabelas, documentos e entre outros, a unidade básica de suas gravações. Por exemplo, bancos de dados baseados em SQL (relacionais) utilizam cadeias de caracteres, números inteiros, números com vírgulas, verdadeiros e falsos. Também são acrescentados alguns tipos complexos de estrutura de dados, como data e hora, e períodos cronológicos.

Bancos de dados relacionais utilizam uma categorização de propriedades de conjuntos, por exemplo, um conjunto que não pode possuir repetições de valores, ou um conjunto que referencia uma propriedade de outra tabela, tais como propriedades chaves. Normalmente são chamadas de "chaves estrangeiras" propriedades que referenciam outras tabelas, e chaves primárias identificadores únicos da tabela atual. A chave primária pode ser composta ou não, ela é considerada composta quando é composta de mais de uma coluna da tabela.

No nosso exemplo:

Tabela A				Tabela B		
Coluna A	Coluna Em B	Caracteristica		Coluna B	Nome B	Caracteristica B
1	1	A		1	Alfredo	B2
2	1	B		2	Geraldo	Bd
3	1	C		3	Emerson	Bq
4	3	D		4	João	B6
5	3	E		5	Bruno	B9

Nota-se que a chave primária da "Tabela A" é a "Coluna A", a chave primária da "Tabela B" é a "Coluna B". A chave estrangeira da "Tabela A" é a "Coluna em B", e referência a chave primária da "Tabela B", a "Coluna B".

E assim podem ser criadas estruturas de dados complexas, utilizando como hierarquia chaves primárias e chaves estrangeiras, definindo acoplamento e hierarquia dos dados. Como se comportam dentro de cada padrão de estrutura, se é um relacionamento de "muitos para muitos" ou "muitos para um" ou "um para um".

Um exemplo de "muitos para muitos": Professores X Alunos.

Um aluno pode ter muitos professores, e um professor pode ter muitos alunos.

Um exemplo de "muitos para um": Professores X Universidade.

Um professor pode ser da universidade, porém a universidade pode ter muitos professores.

Um exemplo de um para um: Usuário X Dados Financeiros.

Cada usuário possui os seus dados financeiros, mas muitas vezes, por exemplo, existem muitos dados financeiros, e não vale a pena carregá-los juntos a cada vez que um usuário é carregado.

Parte da função do sistema gerenciador de banco de dados é armazenar procedimentos, que nada mais é do que um conjunto de comandos armazenados. Uma seleção ou uma alteração que se deseja guardar ou chamar em determinados momentos sem precisar reescrevê-la.

Também é comum serem utilizadas por softwares desenvolvidos e programados para utilizar os procedimentos armazenados, dentre as vantagens, esta por exemplo não publicar uma nova versão do software para fazer alterações em consultas de banco de dados, por exemplo.

É possível criar agendamentos para determinados procedimentos, definir hora de início para cada procedimento, e autorizá-los a executar automaticamente em determinados períodos do dia, mais do que uma vez, se necessário.

Caso não seja necessário um conjunto de operações para realizar a tarefa, digamos que seja uma simples seleção, é possível e recomendado utilizar uma "visualização", que é uma espécie de "procedimento", porém normalmente é composto de uma operação de seleção e carrega o resultado em uma tabela computada dinamicamente.

Um ponto importante dos bancos de dados relacionais é a utilização de gatilhos (triggers) para acionar outras operações, isto significa fazer a associação de uma operação (criar, ler, atualizar ou deletar), e um escopo de ação, para associar com um conjunto de operações. Assim é possível condicionar a execução de uma operação a uma edição em determinada coluna em um registro, por exemplo.

Exemplo de configuração de gatilho ("trigger"):

Ao gravar "B" na coluna "X" da "Tabela Fulano" gravar uma atualização no campo "X" da "Tabela Ciclano" com o mesmo valor preenchido em "X" na "Tabela Fulano".

Com a complexidade das operações aumentando e a integração com sistemas que trabalham com linguagens algorítmicas não imperativas aumentando, para que os bancos de dados conseguissem descrever com mais detalhes e mais especificidade as regras de negócio, dentro da linguagem SQL foram criados mecanismos lógicos e sequencias "seleção-comando", por exemplo o "if-do".

Isso significa que surgiram customizações do compilador SQL tradicional, trazendo mais recursos para a linguagem de programação, dá-se o exemplo de customizações que algumas empresas grandes fizeram: TSQL (Microsoft), PLSQL (Oracle) e entre outras.

Máquinas de estado

Uma máquina de estados pode ser representada de diversas maneiras e diferentes níveis de abstração, e serve para representar as transições dentre os estados de um objeto em questão ou de um sistema. Naturalmente estados são pré-definidos e é importante compreendermos que a "computação" ocorre na transição de um estado para outro.

Primeiro conceito que devemos contemplar, um estado é um conjunto de pares de variável e valor. Portanto, por exemplo:

```
{
    X = 12;
    Y = 13;
    R = 25;
}
```

Isto é um estado de uma máquina de estados que possui três variáveis (X, Y e R) e seus valores são 12, 13, e 25.

Digamos que tenhamos um objeto de sinal de trânsito, e queremos representá-lo em forma de variáveis:

```
{
    CadeiaDeCaracteres Cor: [[algum valor]];
}
```

Lembramos que temos que representar o objeto com propriedades que são relevantes para a nossa abstração, estamos observando o sinal de trânsito da visão de um motorista de carro, e para o motorista não é relevante a altura, o material que o poste foi feito, ou a tinta que foi utilizada, somente a cor que está acesa, por isso somente possuímos em nossa abstração a variável "Cor".

Temos que os estados possíveis são, por exemplo, três estados, com "Cor" "Vermelha", "Amarela" ou "Verde". Assim temos três conjuntos variável valor possíveis.

Sabendo disso, temos três estados possíveis:

```
{
    CadeiaDeCaracteres Cor = "Vermelha";
}
```

```
{
    CadeiaDeCaracteres Cor = "Amarela";
}
```

```
{
    CadeiaDeCaracteres Cor = "Verde";
}
```

Tendo isto em mente podemos entender a sequência dos estados, digamos que comece em "Cor" "Verde", sabemos que ele vai mudar para "Amarelo" e então para "Vermelho", depois do vermelho, ele muda novamente para "Verde".

Assim podemos representar nossa máquina de estados em forma de grafo:

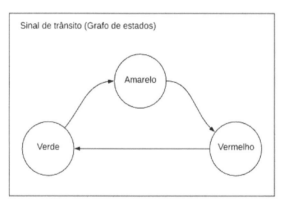

Para modificar os estados, de amarelo para vermelho, por exemplo, precisamos de um identificador de tempo, afinal, o tempo em cada cor, em um sinal de trânsito da vida real cronometra o tempo em cada estado e sincroniza as mudanças de estados. Nós já representamos a sequência da mudança de estados, falta especificar a condição de cada mudança.

Importante observarmos que a falta dos guardas não torna a nossa representação incorreta, porém em uma abstração diferente, aonde o tempo não é relevante, entretanto, o tempo nos é relevante, e não está presente na nossa abstração. Assim o que se faz é refinar o modelo, isto significa aumentar o nível de especificidades do funcionamento da máquina de estados. Importante é também citar que o funcionamento de algo nada mais é do que um plano de domínio e imagem, que define um retorno para determinadas entradas, e a função está diretamente atrelada a um determinado uso que torna o retorno útil, e a definição de útil está atrelada a abstração que trabalhamos.

O ponto de dizer tudo isto é explicar que cada função do sistema nos é útil de alguma maneira, que agrega valor a relevância do determinado objeto, para quem está o utilizando. Assim quando refinamos uma máquina de estados, refinamos o funcionamento da função de maneira a especificar melhor como ela funciona dentro de um escopo que torna aquela ação útil, assim sempre dentro da abstração inicial.

Compreendido isto, podemos começar a falar do tempo no nosso modelo.

Existem algumas definições para "classes", algumas mais relevantes do que outras para a nossa metodologia, mas no momento é importante entendermos que um objeto é uma abstração de computador, e uma classe é um "conjunto" de variáveis e métodos.

A classe descreve o objeto que será abstraído. Assim, este é o nosso mundo das ideias atual:

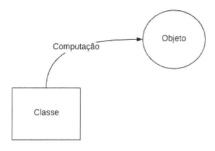

E refinando para a visão de compiladores, temos:

48

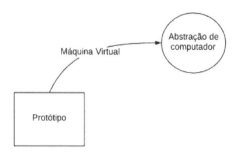

Ou para português:

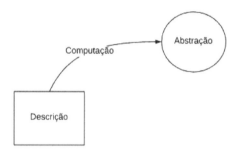

Entendido isto, temos definido então que um objeto é uma abstração de computador, descrito por uma classe (que nada mais é do que um conjunto de variáveis e métodos). Podemos também definir variáveis. E se um objeto descrito por uma classe, é uma abstração de computador, naturalmente as variáveis, se tornam em tempo de execução abstrações de memória RAM de um computador.

Modelos válidos sob estas legendas:

Entendendo refinamentos, podemos partir para a especificação do tempo na nossa máquina de estados. Digamos que tenhamos uma mudança de cor a cada trinta segundos, podemos ter um método para mudar o estado sempre que o número de segundos for trinta ou zero. Assim, se está em sinal verde e agora são onze horas, vinte minutos, vinte e cinco segundos, nada vai mudar no nosso estado, porém quando chegar a trinta segundos, haverá uma mudança de estado, como o estado está em "verde", vai para "amarelo" e após trinta segundos, será "vermelho".

Assim podemos chamar nossa função de "multiploTrinta" e pode nos retornar verdadeiro ou falso (caso prefira o retorno pode ser "um" ou "zero", "um" para verdadeiro, e "zero" para o falso).

Naturalmente, o nosso objeto "SinalTransito" agora foi complementado:

```
{
    CadeiaDeCaracteres Cor;
    Booleano multiploTrinta(){
        Se Agora.Relogio.Segundos Resto 30 = 0 Entao
        Retorne Verdadeiro;
        Senão Retorne Falso;
    }
}
```

Com isso temos a descrição do nosso objeto. Em tempo de execução ele vai alocar espaço na memória "Stack" para armazenar a

50

variável "Cor" e a função "multiploTrinta", com seus parâmetros de entrada e parâmetros de saída.

Para compreender representações de métodos precisamos compreender o conceito de interface. Uma interface nada mais é do que o mecanismo de intermédio, entre um algo e outro algo. Por exemplo, por padrão, para pedir uma pizza precisamos saber o sabor que queremos, quando e como receber a pizza. Portanto, quando fazemos isso definimos variáveis de entrada, e tipo de retorno. A interface de comunicação naturalmente é o que utilizamos para falar com a pizzaria. Dá-se o exemplo de falar pelo telefone com um atendente da pizzaria. Neste exemplo, o telefone é a interface, aonde sabemos que devemos cumprir um contrato de funcionamento, que se baseia em dizer ao atendente via telefone o sabor que queremos e a pizzaria entregará a pizza no sabor que queremos.

Este tipo de interface é uma função da pizzaria, que é programada por um contrato, variáveis de entrada e tipo de retorno.

Podemos falar então de programação por contrato. Em uma programação por contrato temos que estabelecer "pré" e "pós" condições, ou as premissas e o retorno que receberemos. Na orientação a objetos (que estamos utilizando), definimos além de variáveis de entrada e tipo de retorno ("pré" e "pós" condições) o espaço de memória que o método deve ser armazenado, a visibilidade e alguma propriedade resultante da variedade de características da orientação a objetos que ainda vai ser explicada, por exemplo, com a herança. Essas explicações mais específicas da O.O (Orientação a Objetos) serão explicadas mais pra frente no livro. Assim temos a seguinte assinatura de método:

```
[[Visibilidade]][[CausalidadeDaOO]][[TipoDeRetorno]][[NomeDaFuncao]]([[Parâmetros]]){
    [[Escopo]]
}
```

E podemos complementar nossa máquina de estado em forma de grafo com os guardas corretos:

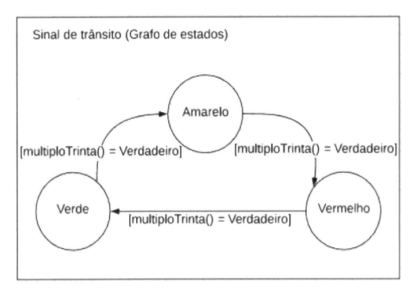

Sinal de trânsito (Grafo de estados)

Amarelo

[multiploTrinta() = Verdadeiro]

[multiploTrinta() = Verdadeiro]

Verde

[multiploTrinta() = Verdadeiro]

Vermelho

Uma metodologia também utilizada para representação de máquinas de estado é o UML (Unified Modeling Language). Importante dizer que o UML, como o próprio nome diz, é uma linguagem de modelagem, assim como o português e o inglês, porém para representação de modelos, assim pode ser utilizado tanto para descrição de máquinas de estado como para diagramas de classes ou qualquer outro.

Nossa máquina de estado é não determinística. Podemos dizer isso pois existem valores de variáveis que não foram contemplados no nosso sistema, por exemplo, o resultado "Falso" do método "multiploTrinta()". Assim, pelo modelo, quando o método retornar "Falso" não saberemos para aonde o sistema deve ir. Visualmente supomos que ele não mudaria de estado, assim conseguimos visualizar a mudança nos estados da nossa máquina.

Determinismo e não determinismo

Para construir uma máquina de estados não determinística basta não determinarmos todas as saídas em cada devido estado ou definir mais de uma saída igual ou não definir "guardas" (lembrando que os guardas são os condicionamentos para mudança de estado, posicionados em cima de cada seta de transição, entre colchetes).

Basicamente podemos construir uma máquina de estado não determinística simplesmente não definindo transição ou condição ou definindo mais de uma transição para possibilidades de valores existentes no sistema.

Para construir uma máquina de estados determinística basta mapear todas as saídas e todos os guardas possíveis.

Lembrando que um estado é representado por um conjunto de pares de variável e valor, enquanto a computação ocorre na transição de um estado para outro estado.

Vamos para o próximo exemplo, então. Podemos utilizar desta vez um exemplo textual. Consideremos uma entrada em texto "AABAAABB", e queremos chegar ao estado final quando encontrarmos dois caracteres "B" em sequência.

Vamos definir então um estado para definir uma execução de "dois 'B's encontrados", este costumamos representar com uma circunferência dentro da outra, assim:

Também vamos definir um ponto de início para nossa máquina de estados, isto significa definir em que estado ela vai começar a ler o texto "AABAAABB". Vamos definir com um triângulo preto no estado.

Desta maneira:

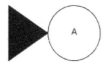

     Sabemos que a entrada pode ser tanto A quanto B. E vamos limitar o nosso domínio de caracteres possíveis como somente: "D = {"A", "B"}", assim nosso estado inicial deve poder receber tanto "A" quanto "B". Porém, caso receba "B", deve estar preparado para chegar ao estado de sucesso (vamos chamar de estado "BB") quando receber o primeiro "B".

     Assim, não deterministicamente, temos o seguinte:

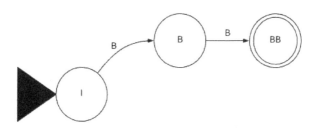

     Refinando o modelo, temos que especificar o comportamento ao entrar um caractere do tipo "A". Assim, temos:

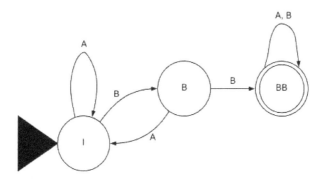

Para que fique mais claro o funcionamento podemos simular alguns exemplos.

Exemplo 1:

Entrada: "AABAAABB"

Passo 1: <mark>A</mark>ABAAABB

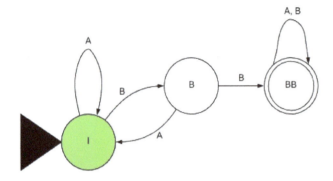

Passo 2: <mark>AA</mark>BAAABB

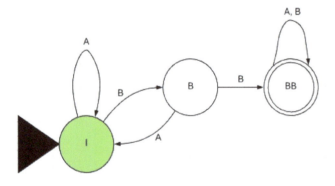

Passo 3: <mark>AAB</mark>AAABB

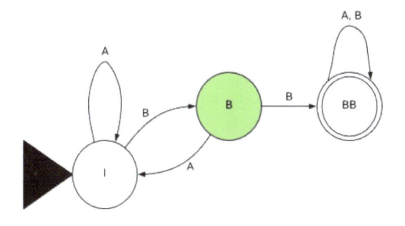

Passo 4: <mark>AABA</mark>AABB

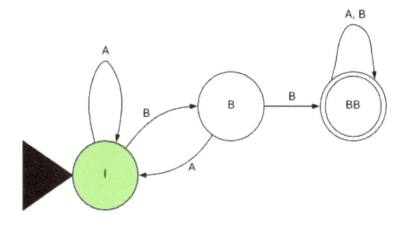

Passo 5: <mark>AABAA</mark>ABB

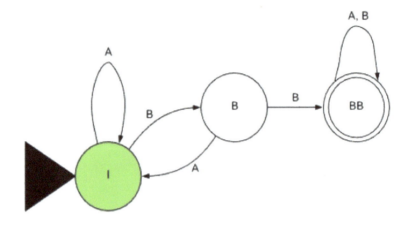

Passo 6: <mark>AABAAA</mark>BB

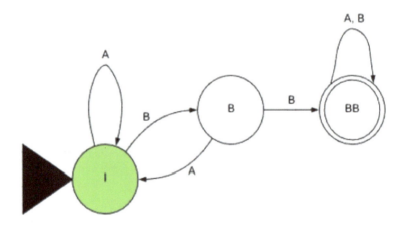

Passo 7: <mark>AABAAAB</mark>B

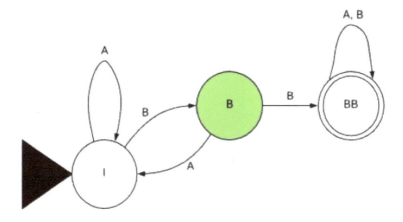

Passo 8: <mark>AABAAABB</mark>

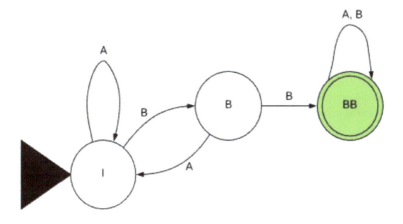

Como nossa simulação, ao fim, chegou ao nosso estado de sucesso "BB" podemos dizer que a sequência foi aprovada na nossa máquina de estados determinística.

Também existe a descrição por meio de tabelas, que após entendermos o modelo que desenhamos, será simples de entender. Basicamente são descritos os estados de início, e as possíveis transições para cada caractere possível. Esta é a chamada "Tabela de transição de estados".

Por exemplo:

Estado	"A"	"B"
I	I	B
B	I	BB
BB	BB	BB

Na tabela descrevemos o comportamento da nossa máquina de estados, portanto, quando estou no estado "I", por exemplo, caso encontre um "A", continuamos na posição "I", caso encontre um "B", iremos para o estado "B".

Com o tempo foi surgindo a necessidade de criar uma memória, de pelo menos, curto prazo, para realizar operações mais complexas, dá-se o exemplo de contas matemáticas, aonde para calcular resultados precisamos armazenar todos os números e contas parciais. Por exemplo a conta "3+5+2", primeiro temos o resultado da conta "R = 3+5", para depois calcularmos "Y = R+2", no caso "8+2" que resulta em dez.

Feito isto podemos compreender a necessidade de uma memória para a máquina de estados. Assim, foi criada uma fita de memória, aonde podem ser carimbados valores em espaços determinados de memória. Assim temos um sistema de endereçamento e valor. Que é o suficiente para criarmos operações matemáticas por exemplo.

Para que isto fosse possível, foram criados mais dois parâmetros de entrada para as transições, a direção do carimbo, e o que seria carimbado na posição encontrada, e caso já possuísse valor, este valor seria sobre escrito.

Podemos começar com o exemplo simples que fizemos: "3+5+2".

Assim temos a cadeia de entrada, e utilizando a fita de memória poderemos fazer esta conta. Porém para facilitar nossa representação, vamos utilizar a simbologia unária, assim para entendermos:

1= 1.

2= 11.

3= 111.

4= 1111.

5= 11111.

E assim por diante.

Podemos então converter nossa fórmula para a linguagem unária: "111+11111+11".

Como sabemos que teremos que fazer uma soma de cada vez, podemos começar com um método de soma de dois números. Digamos que a entrada fosse somente "111+11111", precisamos ter como resultado na fita de memória "11111111". A operação de soma pode ser simplesmente realizada com um autômato (nome para nossa máquina de estados) que troque o símbolo de "+" por "1" e apague o último número "1".

Desta maneira:

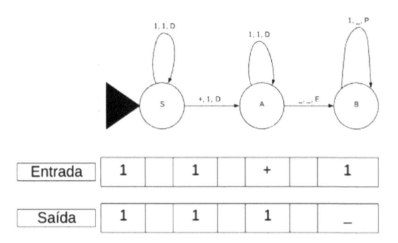

Entrada	1		1		+		1

Saída	1		1		1		_

Máquina de Turing

Construímos uma máquina de Turing para representar uma conta de soma simples utilizando representação unários de números. Para visualizarmos o funcionamento precisamos realizar uma simulação.

Começaremos da primeira posição de memória e o primeiro estado, portanto:

Passo 1:

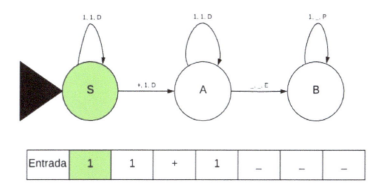

Podemos ver que a estrutura do comando é "[carimbo a ser encontrado], [carimbo para substituir], [direção da movimentação sobre a fita de memória]". Assim, sabemos que no primeiro estado, caso encontremos o número "1", substituiremos pelo número "1" e seguiremos com a memória para a direita.

Passo 2:

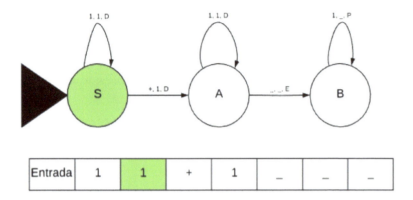

Entrada	1	1	+	1	–	–	–

Ao realizarmos o primeiro passo notamos que o processador está olhando para a posição dois da fita de memória, e o estado continua o mesmo. A posição um continuou com o mesmo valor, afinal caso encontrássemos o valor "um", substituiríamos pelo valor "um", assim os registros permaneceriam iguais.

Passo 3:

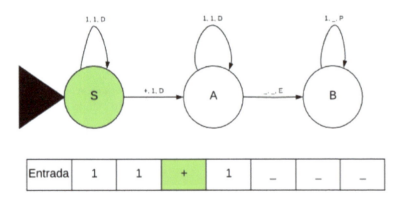

Entrada	1	1	+	1	–	–	–

Encontramos no passo anterior, novamente o valor "um" no espaço de memória, assim, este permaneceu "um", permanecemos no mesmo estado e o processador agora está "olhando" para a posição 3 da fita de memória. Que possuí o valor "+". Temos um comando que define – caso encontremos um sinal de "+", deverá substituir por "1" e pular para a posição direita da fita de memória, assim pularemos para a posição 4. Também mudaremos de estado, pois o comando resulta numa transição para o estado "A".

Passo 4:

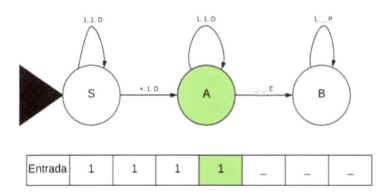

No estado "A", sabemos que se encontrarmos o valor "um", devemos prosseguir para a direta, sobre a fita de memória, e substituiremos na posição atual, o valor "um", pelo próprio valor "um", permanecendo o mesmo valor na fita de memória.

Assim, passo 5:

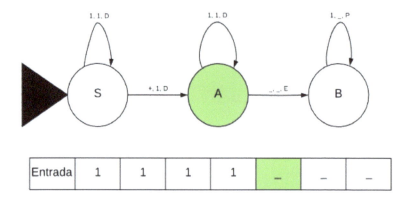

Ao encontrar uma posição vazia, representada por "_" deve substituir o valor por "_", permanecendo o mesmo valor na posição atual e seguir para uma posição a esquerda da fita de memória. Portanto, passo 6:

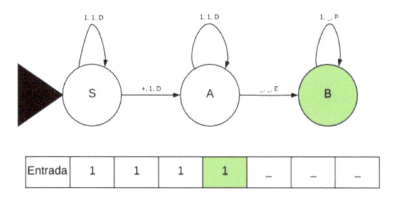

Ao encontrar o último estado "B", a única transição vem de encontro ao "um" da fita de memória. Caso encontre o "um", substituir por "_" e ficar parado. Como todas as transições possíveis foram esgotadas, a execução acaba. Como resultado temos, no passo 7:

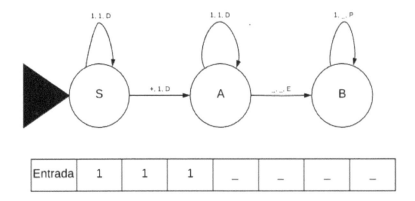

Entrada	1	1	1	–	–	–	–

E este é o resultado, em unários, o resultado é "3".

Fizemos a conta: "2 + 1 = 3".

Com uma conta de soma podemos realizar outras contas derivadas, chamando a mesma máquina de estado. Nós programamos nossa máquina de estados por contrato, criamos uma pré-condição que precisa ser respeitada para a conta funcionar, e uma pós-condição, que nada mais é do que um formato de retorno do resultado. O retorno sendo somente o resultado da conta em unário.

Entramos com uma conta "X+Y" em unário e recebemos "Z" em unário.

Para criar outras contas derivadas devemos criar uma máquina de estado que respeite o contrato da máquina de estado da conta de soma. Por exemplo, se for o caso de criar uma conta de multiplicação.

Para uma conta de multiplicação, por exemplo, deveremos criar outra pré-condição, por exemplo "X*Y" em unário, e construir um mecanismo de conversão para a pré-condição da conta de soma. Por exemplo, "2*3", que em unários seria: "11*111", deveria se transformar em "111+111" e após convertido, a máquina de estado deve estar posicionada na primeira posição da fita de memória. Em outro caso de exemplo, podemos utilizar "3*3", que no caso deve se tornar "111+111+111", a diferença, porém é que neste exemplo, não são somente duas variáveis, é uma conta de "X+Y+W" que deve resultar em "Z" unário.

Nossa máquina de estado de somar trabalha reduzindo o tamanho da variável direita da fórmula e trazendo o resultado com base na primeira posição da variável da esquerda. No exemplo anterior:

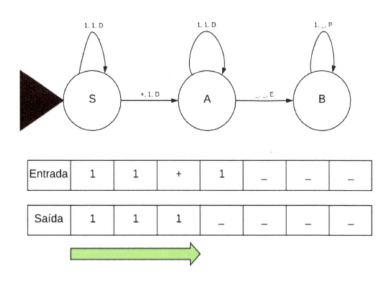

Entrada	1	1	+	1	–	–	–
Saída	1	1	1	–	–	–	–

Ou, no exemplo atual:

Entrada	1	1	1	+	1	1	1	+	1	1	1
Saída	1	1	1	1	1	1	1	1	1	–	–

Na nossa máquina de estados de somar, como a primeira posição é utilizada para imprimir a resposta final, e temos duas contas de somas, precisamos começar pela conta da direita, assim o resultado vai virar o complementar da primeira conta de soma. Segue o exemplo visual:

Entrada	1	1	1	+	1	1	1	+	1	1	1

Interm.	1	1	1	+	1	1	1	1	1	1	_

Saída	1	1	1	1	1	1	1	1	1	_	_

Portanto na imagem podemos ver pintado de verde o início das duas contas de soma, a primeira precisa começar da conta do lado direito da fita, e conforme falado, deve seguir para a esquerda.

Sabendo disto, a máquina de estados para multiplicação deve, após fazer a conversão para a conta de soma, seguir para a primeira posição da fita de memória da última soma da equação, assim, após a soma completa, mover a fita de memória para a primeira posição da próxima conta de soma à esquerda.

A partir deste momento estamos discutindo administração de memória dentro das fitas de memória de uma máquina de Turing.

Expressões Regulares

Dentro do escopo de máquinas de estado, estão expressões regulares. As expressões regulares podem ser descritas utilizando várias linguagens, uma delas é máquinas de estado, assim como fizemos em um exemplo anterior para identificarmos cadeias de caracteres que possuíssem a sequência "BB". No exemplo que utilizamos (para identificar "BB" nas cadeias de caracteres) utilizamos uma diversidade muito pequena para as possibilidades de entrada na máquina de estados.

Uma expressão regular representa um escopo de padrões textuais que validam uma determinada expressão. Para reconhecer e-mails por exemplo, podemos verificar se possui o caractere "@" e ".com" ao final. Assim identificamos um e-mail pelo formato "[qualquerTexto]@[qualquerTexto].com". Para identificar nosso símbolo "qualquerTexto" normalmente se utiliza "*" nas expressões regulares. Podemos dizer então que nossa expressão regular seria "*@*.com".

Uma placa de carro, no Brasil, por exemplo, em 2019 pode ser identificada por números e letras em maiúsculo, assim precisamos de uma condição de "ou". Em uma expressão regular, pode ser identificada normalmente por colchetes. Por exemplo, "[0-9][A-Z]", assim também deixamos de fora caracteres como "Ç" e entre outros que também não poderiam entrar.

Alguns exemplos conhecidos de sistemas que utilizam intensamente expressões regulares são os chamados "Robôs de navegação", muito criados por empresas de engrenagens de buscas. Outro exemplo são compiladores, os compiladores precisam transformar um código em uma linguagem para um código em outra linguagem (normalmente código em linguagem de máquina). Um compilador pode ser descrito, dentro do nosso escopo computacional, como um tradutor. Para realizar essa tradução expressões regulares são utilizadas para criar uma análise sintática e uma análise gramatical do código escrito em uma linguagem "X". Conferida a validade sintática do código em linguagem "X" expressões regulares são utilizadas para identificar, escopos, seletores, comandos, e entre outros e construir uma árvore dos símbolos da linguagem "X". Ao construir esta árvore de hierarquias de símbolos, o compilador começa a traduzir, comando por comando, seletor por seletor, utilizando caminhamentos como o em profundidade por exemplo. Vale lembrar que para caminhar são necessárias estruturas de dados auxiliares, como a pilha, ou fila (no caso de caminhamento em largura).

Já um robô de internet por exemplo, utiliza o código que descreve as telas (HTML - Hypertext Markup Language) para identificar padrões relevantes. Por exemplo robôs de internet costumam identificar botões que redirecionam para outras páginas, chamados de "links" (ligações em português).

Abaixo temos um exemplo de código "HTML":

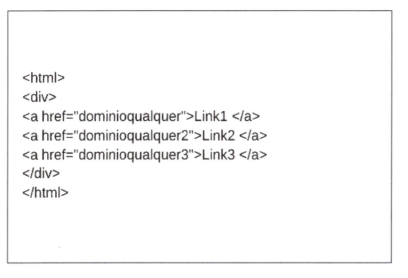

```html
<html>
<div>
<a href="dominioqualquer">Link1 </a>
<a href="dominioqualquer2">Link2 </a>
<a href="dominioqualquer3">Link3 </a>
</div>
</html>
```

Este código quando salvo em um arquivo de extensão HTML, produz este resultado:

Link1 Link2 Link3

Estes links naturalmente levam a lugar nenhum. Porém servem para o nosso exemplo, pois estamos buscando um padrão. Digamos que sejamos um robô de internet, e queremos buscar todos os links que a nossa página de internet pode nos levar.

Nós vemos uma tela de internet, porém o robô trabalha com o código HTML:

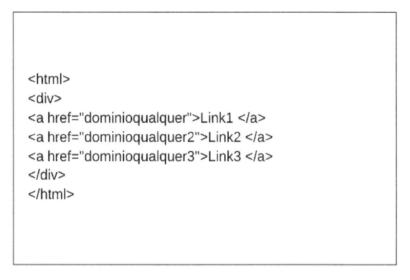

```
<html>
<div>
<a href="dominioqualquer">Link1 </a>
<a href="dominioqualquer2">Link2 </a>
<a href="dominioqualquer3">Link3 </a>
</div>
</html>
```

E como podemos ver temos três "links". Os três são "dominioqualquer", "dominioqualquer2" e "dominioqualquer3".

Note que os elementos são identificados como "tags", ou seja temos o nome do elemento logo após a letra "<". Assim, temos no nosso "HTML" os itens "html", "div", e depois três "a"s (links) dentro da "div".

Dito isto, temos que a árvore de elementos seria algo como isto:

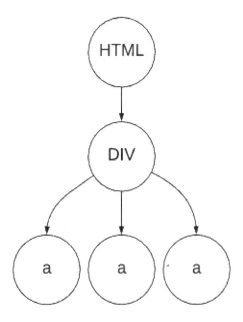

E quando formos identificar os padrões, podemos já começar com o padrão do link. Conforme vimos no código, sabemos que o "link" de redirecionamento está na diretiva "href". Assim temos que buscar o valor "href" dentro dos "a"s.

Para obter o valor, podemos colocar chaves "{}" no padrão que queremos. Assim, poderíamos identificar nossa expressão regular, utilizando nossos elementos limitados como:

```
<a href="{*}" *>*</a>
```

Assim estamos dizendo que podemos ter qualquer coisa depois do "href", podemos ter qualquer "texto exposto" no "link", e vamos retornar o valor que preenche a diretiva "href".

Os compiladores, por exemplo, normalmente passam por um processo semelhante a este:

Análise léxicográfica

Análise sintática e semântica

Código de intermédio

Otimizar código

Assim, podemos ver que o código primeiro passa basicamente por uma análise sintática, montagem em uma árvore, verificação dos símbolos, geração do código literalmente traduzido, e depois um otimizador de código para evitar itens, símbolos, lógicas que não serão aproveitadas.

73

Orientação a Objetos

O computador binário somente possui uma forma de representação, de processamento e armazenamento, isto é, utilizando a lógica binária, porém é muito difícil pensar em problemas complexos e traduzi-los para a lógica binária. O paradigma de pensamento não favorece o pensamento em problemas humanos.

Foram criados compiladores que traduzem lógicas escritas em linguagens mais simples de pensar para linguagens de computador. Foi assim, desenvolvida a lógica de programação em linguagens como C e Fortran. Algumas linguagens se tornaram precursoras de outras, como é o caso do C para o C++. Foram também escritos sistemas operacionais para facilitar a interação do usuário com as funcionalidades do computador.

A computação passou, e ainda passa, por um processo de refinamento de experiência de desenvolvimento e utilização de suas funcionalidades. O paradigma de orientação a objetos surgiu como uma solução para facilitar e otimizar o desenvolvimento de soluções para computadores binários.

Importante lembrar que um paradigma é uma forma de pensar e não está presa a uma linguagem específica ou uma determinada tecnologia. Assim como existem padrões de desenhos de aplicações que podem ser aplicadas em muitas tecnologias.

A Orientação a Objetos já foi introduzida no livro, por meio de alguns exemplos e refinamentos de modelagem que fizemos. Até o momento já aprendemos por exemplo que a computação ocorre na transição de um estado de objeto para outro, sabemos que um estado é um conjunto de pares de variáveis e valores e entre outras definições.

As definições que já temos serão revisadas.

Estado é um conjunto de pares de variáveis e valores.

Classe é um conjunto de variáveis e métodos.

Computação ocorre na transição de um estado para outro.

Objeto é uma abstração de computador, descrita por uma classe.

Variável é uma abstração de memória RAM (DRAM).

Feita esta revisão, temos dois tipos de processos, leves (trilhas) e normais. Em um processo normal, o código de máquina é levado até o processador. Em um processo leve, o processador é levado até o processo a ser executado, que funciona como uma trilha para o processador percorrer, enquanto percorre os comandos, os executa. Outra diferença é que uma trilha precisa de um processo normal para inicializa-lo, em algum momento, uma trilha pode criar outra, porém o processo pai sempre tem que ser um processo normal.

Na orientação a objetos temos objetos ativos e objetos passivos, objetos ativos possuem uma trilha de execução própria, enquanto objetos passivos são chamados e utilizados por objetos ativos, não possuindo uma trilha de execução própria.

Abstração

Como foi dito anteriormente, a orientação a objetos é um outro paradigma de pensamento. Paradigmas diferentes significam, naturalmente, abstrações diferentes, dá-se o exemplo do binarismo e da orientação a objetos. Uma representa a forma de um computador binário processar as informações, outro representa uma das formas humanas de representar as informações. Seja em uma conta de somar ou em uma página web de informações.

Desta forma, a mesma conta que fizemos uma máquina de estados para fazer uma conta matemática, poderíamos utilizar orientação a objetos para entender o problema e realizar as operações.

Para descrever um objeto temos que considerar as propriedades que são relevantes para nossa abstração. Para ficar claro temos que lembrar da definição de abstração, a definição que trabalharemos é a de "ignorância seletiva". Pode ser também descrito de outra forma, utilizando a definição com base no latim "sem extrato", que significa algo imaginário, uma ideia, sendo que uma ideia é relevante dentro de um escopo de trabalho.

Explicando rapidamente o porquê utilizaremos a definição de "ignorância seletiva", um sinal de trânsito que utilizamos em nosso exemplo anterior nesta máquina de estados:

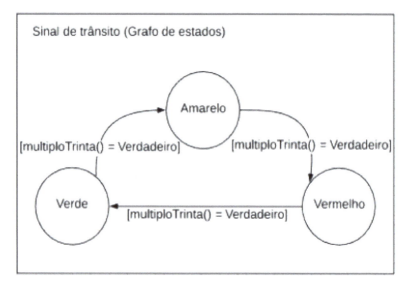

Pode ser representado com um objeto de "SinalDeTransito". Este seria descrito por uma classe, como já vimos:

```
{
    CadeiaDeCaracteres Cor;
    Booleano multiploTrinta() {
        Se Agora.Relogio.Segundos Resto 30 = 0 Entao
        Retorne Verdadeiro;
        Senão Retorne Falso;
    }
}
```

Esta classe poderia ter inúmeras variáveis que ignoramos. Por exemplo o material que foi feito, a altura, e entre outras. Estamos seletivamente ignorando propriedades não relevantes.

Em nosso exemplo da máquina de estados que soma dois números, teríamos que identificar todas as entidades envolvidas no processo de conta, principalmente para criar um sistema que pudéssemos adicionar com facilidade funcionalidades, por exemplo, uma conta de subtração ou multiplicação.

Neste exemplo, teríamos as seguintes entidades: calculadora, unidade de processamento.

A calculadora recebe a conta e administra os locais de memória (variáveis) e a unidade de processamento realiza a conta.

No caso, a unidade de processamento, somente possuiria a conta de "Somar" entrando "X" e "Y" e retornando "Z".

Conforme o desenho:

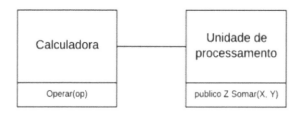

Sendo que a função Operar já realiza a separação das variáveis em "X" e "Y", para então utilizar como parâmetro para a função "Somar".

Para utilizar concatenamento de funções precisaríamos utilizar mais uma entidade auxiliar, uma pilha. Podemos então utilizar como nosso exemplo, representaremos então a entidade pilha. Conforme este desenho:

78

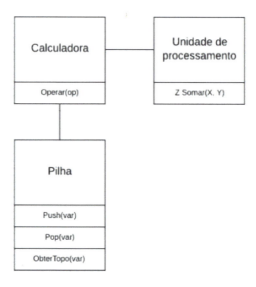

Utilizaremos a notação POSFIXA para organizar as contas, isto significa que será feita desta maneira, por exemplo:

$$A+B+C = \boxed{ABC++}$$

$$A+B*C = \boxed{ABC*+}$$

E assim conseguimos concatenar contas em sequência de forma que facilmente poderemos adicionar as quatro operações básicas.

Para fazer isto, os operadores matemáticos são colocados no topo da pilha, e variáveis são colocadas em uma cadeia de caracteres. Vamos nos restringir a somente sinais de "+" e de "-" para a explicação se tornar mais breve e não precisarmos entrar a fundo no assunto, então temos o exemplo "A+B+C".

Seria construída uma "POSFIXA" dessa maneira:

Passo 1:   Passo 2:

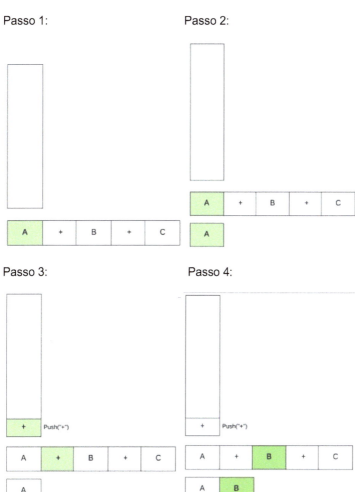

Passo 3:   Passo 4:

Passo 5:   Passo 6:

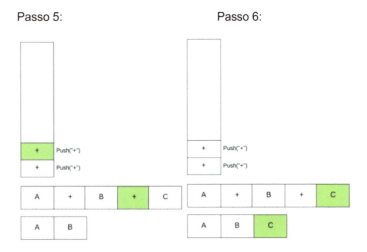

Terminada a sequência podemos simplesmente executar "pop" nos itens.

Passo 7:   Passo 8:

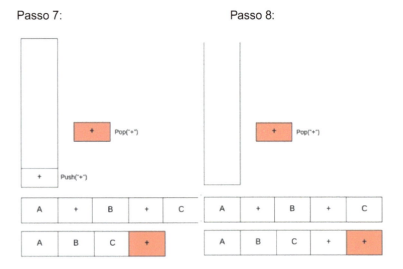

Com a pilha vazia temos o resultado final – "ABC++".

Então explicada a lógica podemos simplesmente utilizar uma pilha para executar "BC+" e o resultado somado a "A".

E para adicionar outras operações devemos adicionar na entidade de "Unidade de processamento". E nosso desenho ficaria assim:

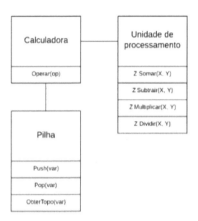

A primeira diferença é que o desenvolvimento, neste nível de abstração se tornou intuitivo, então sabemos aonde adicionar novas operações matemáticas, sabemos aonde tratar a entrada do usuário e aonde acoplar estruturas de dados auxiliares. Além disto, é muito mais fácil de entender o que, e aonde está acontecendo, do que utilizando a representação de máquinas de estado ou máquinas de Turing.

Encapsulamento

Estruturas de dados complexas possuem uma definição de "hierarquias" dentro de suas propriedades. Isto significa, que podemos ter uma estrutura de escola, que possui vários alunos, sendo assim a estrutura de dados escola possui a estrutura de dados lista de alunos. E foi criada uma hierarquia, mais simples para entender pode ser o exemplo de um pai com seus filhos. Os filhos somente possuem um pai, enquanto o pai possui vários filhos. Além de ser uma relação (conforme já falamos) de um para muitos, também define que filhos estão ligados em dependem do pai para existir.

Até este momento falamos somente de estruturas de dados, porém quando falamos de orientação a objeto também temos que ter um mecanismo que permita determinarmos dependências existenciais e ou de agregação e entre outras. Vamos começar falando de encapsulamento na orientação a objetos. Antes existe uma definição para assimilar, a de "trabalho de camadas" ("Framework" em inglês), quando criamos um "Framework" criamos camadas para refinar métodos (ajustá-los para o nosso problema).

Por exemplo, um componente de banco de dados, isto é, um componente que administra o acesso ao banco de dados. Já sabemos que um banco de dados "abre" uma porta de rede para enviarmos comandos e buscarmos resultados. Vamos abstrair a tecnologia a ser utilizada pelo nosso exemplo, mas vamos especificar funções e métodos.

Então temos esta estrutura inicial:

Sabendo disto, podemos começar a trabalhar no nosso componente. Sabemos que pela porta de rede transmitiremos texto, e vamos utilizar para o nosso exemplo, um banco de dados SQL. Sabemos que deve ser enviado para o "SGBD" (sistema gerenciador de banco de dados) um texto com o comando SQL, algo como "SELECT * FROM Usuarios", o nosso componente terá que montar o texto. Sendo assim, dentro do componente, podemos começar com funções genéricas para a montagem dinâmica do texto da operação que será enviado para o SGBD.

Portanto, temos o seguinte exemplo:

Componente

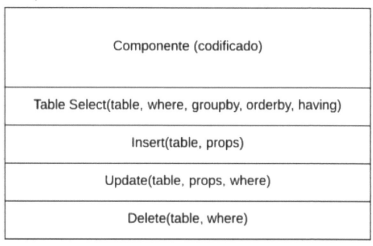

Como admitiremos o banco e as tabelas como criadas, não precisaremos de outras operações para o nosso componente, somente os métodos de manipulação de dados.

Porém com estas funções, somente dividimos em pequenos pedaços a operação "SQL" como inteira, para evitar erros. Porém queremos fazer mais uma camada, uma camada que automaticamente identifica o nome dos objetos, busca o nome da tabela com base no nome da classe que descreve o objeto. Assim, digamos que tenhamos uma classe "Usuario", esta classe vai descrever um objeto com nome "Usuario" e com o nome usuario, automaticamente adicionar a tabela de usuários quando estivermos utilizando a classe.

Para criar mais uma camada, criaremos mais um objeto dentro do nosso componente. Daremos o nome para a classe que possui as funções básicas de "Base", e a classe que traduz objetos para as operações básicas poderem ser acionadas corretamente vai se chamar "Contexto". As funções da classe "Base" são utilizadas pelas funções da classe contexto, podemos dizer que é uma dependência existencial. Porém, vamos utilizar considerar a classe "Base" como sendo a classe origem, a classe "Pai".

Para isso teremos que utilizar um sistema de herança, funcionalmente, a classe "filho" herda os métodos e as variáveis da classe "pai". O representante de herança na nossa representação vai ser uma seta branca apontando para o pai.

Portanto teremos:

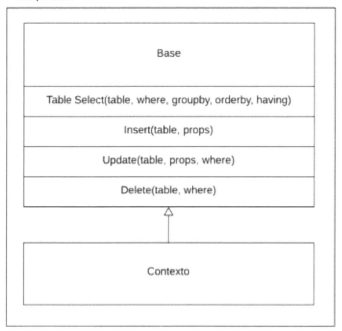

Componente

Base

Table Select(table, where, groupby, orderby, having)

Insert(table, props)

Update(table, props, where)

Delete(table, where)

Contexto

Podemos então começar a especificar os métodos da classe "Contexto". Para isso vamos criar classes auxiliares para identificarmos automaticamente a operação a ser enviada a classe base. Vamos então criar uma classe de "Grupo", caso esteja utilizando esta classe, automaticamente vamos utilizar o parâmetro "groupby" da classe "Base". Vamos também criar uma classe auxiliar chamada "filtro" que vai realizar uma serialização das propriedades que colocarmos no filtro. As duas classes vão possuir tipos.

Isto significa que trabalharão com a descrição (classe) do objeto que for passado como tipo (o tipo é representado do lado do nome da classe, e para dizer que é um tipo genérico colocaremos a letra "T").

Temos então esta estrutura até agora:

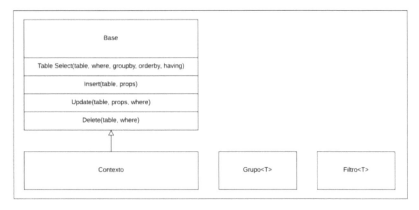

Podemos então começar a definir os métodos da classe "Contexto".

Teríamos também a função de inserir, atualizar, deletar, e ler, porém, mudaremos os parâmetros, para ficar mais fácil a programação e erros fiquem menos prováveis.

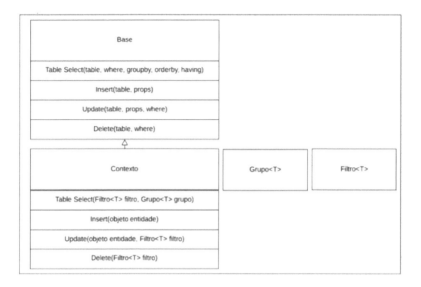

Importante também notarmos que estamos utilizando uma estrutura de dados que consideramos nativa para interpretação de tabelas como tipo de retorno das funções de seleção.

Com os métodos criados utilizamos muito menos parâmetros para realizar as operações de banco de dados, e todos são em forma de objeto, o que evita erros de programação e garante a consistência do texto de operação que chegará para o banco de dados, além disto também é muito mais seguro, pois não é possível adicionar textos ilegais uma vez que o texto é identificado pelo tipo de objeto que utilizamos.

Neste instante podemos ver que alguém utilizar a classe "Base" não seria a melhor prática, pois é muito mais seguro e simples utilizar a classe contexto, que por sua vez invoca a classe base internamente. Agora podemos falar de visibilidade. As funções da classe "Base" devem ser protegidas, para então somente seus filhos e ele mesmo poderem utilizar os seus métodos, assim somente a classe "Contexto" poderia utilizar seus métodos.

Próximo tópico é criar outras funções para otimizar o trabalho, por exemplo, sabemos que uma inserção de SQL somente pode ser feita utilizando um comando inserir do SQL, assim para inserir vários itens ao mesmo tempo precisamos repetir o comando várias vezes.

88

Para facilitar esta operação podemos criar um método chamado "Inserir muitos" por exemplo, utilizando das funções da classe "Base".

Temos então esta classe:

Contexto
Table Select(Filtro<T> filtro, Grupo<T> grupo)
Insert(objeto entidade)
Update(objeto entidade, Filtro<T> filtro)
Delete(Filtro<T> filtro)
InsertMany(List<objeto> entidades)

Inserir muitos em inglês significa "Insert Many", nossos métodos estão sendo nomeados em inglês, portanto, o método "InsertMany" foi adicionado.

Desta maneira o nosso componente funciona como interface com o banco de dados, e podemos adicionar ao componente mais funções que facilitem nossa vida e sejam "genéricas". O que fizemos foi criar duas camadas, uma para construir a "operação" SQL em forma de texto, e outra para receber uma operação SQL em forma de objetos e traduzir para SQL.

Criamos também camadas auxiliares de objetos para representar funções auxiliares e de agregação do SQL. O que fizemos um trabalho de camadas (um "Framework"), aonde a lógica de manipulação de dados do banco de dados está encapsulada, e dispõe de uma interface de acesso que facilita sua utilização.

Uma aplicação externa pode utilizar deste pacote para acessar e manipular o seu banco de dados.

Polimorfismo

Polimorfismo significa muitas formas, e é exatamente isto que essa propriedade da orientação a objetos representa. Isto significa que uma classe que possui uma classe pai com um determinado método "X" pode possuir um mesmo método "X", com a mesma assinatura, porém com outra implementação.

Para ilustrar, vamos trabalhar em cima de um exemplo.

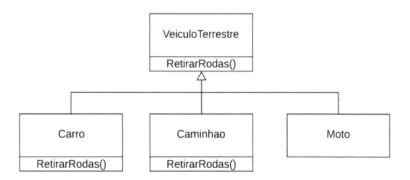

Neste exemplo, vemos quatro classes, uma classe pai, chamada "VeiculoTerrestre". Três classes filhas, "Carro", "Caminhao" e "Moto".

A classe pai possui uma implementação do método "RetirarRodas", que por sua vez é também implementado nas classes "Carro" e "Caminhao". Será assumida a execução das classes filhas, estas sobrescreverão a implementação da classe pai. Já a classe "Moto" não possui implementação de "RetirarRodas", portanto assumirá a implementação da classe pai.

Desta maneira podemos ter uma variável em "Stack" do tipo "VeiculoTerrestre", com uma instância do tipo "Caminhao", assim por mais que tenhamos um objeto instânciado do tipo "Caminhao", o método executado será o da classe "VeiculoTerrestre". O comportamento seria o mesmo se inicializássemos a variável como "Carro".

Caso criássemos uma variável do tipo "Carro", outra do tipo "Caminhao" e outra do tipo "Moto", porém se executássemos nesta sequência, teríamos a execução do método implementado em "Carro", depois em "Caminhao" e depois em "Moto".

Para o exemplo, vamos explorar um pouco linguagens de programação baseadas em C. Este exemplo será de implementações fictícias em "C#", linguagem de programação da Microsoft:

[C#] **Polimorfismo**
- ▷ ⠿ Dependências
- ▷ C# Caminhao.cs
- ▷ C# Carro.cs
- ▷ C# Moto.cs
- ▷ C# Program.cs
- ▷ C# VeiculoTerrestre.cs

Estas são as classes do projeto. Conforme o nosso exemplo, as classes "VeiculoTerrestre", "Moto", "Carro" e "Caminhao". Importante observar a classe "Program". Por padrão, todos os programas devem possuir um ponto de início, que normalmente é uma função chamada "Main", armazenada no "Static". Em projetos do tipo "console" do "C#" funciona desta maneira. Segue o exemplo da nossa classe "Program":

```
namespace Polimorfismo
{
    class Program
    {
        static void Main(string[] args)
        {
            Moto veiculoTerrestre = new Moto();
            veiculoTerrestre.RetirarRodas();

            Carro veiculoTerrestre2 = new Carro();
            veiculoTerrestre2.RetirarRodas();

            Caminhao veiculoTerrestre3 = new Caminhao();
            veiculoTerrestre3.RetirarRodas();

            Console.ReadLine();
        }
    }
}
```

Observe que a classe é do tipo "static", o que significa que vai ser armazenada no bloco de memória "Static". Note também que o método inicial se chama "Main" (principal em português). Em breve voltaremos para analisar o funcionamento desta classe.

Devemos antes seguir para as implementações dos métodos.

Seguem as classes:

```
namespace Polimorfismo
{
    public class VeiculoTerrestre
    {
        public void RetirarRodas()
        {
            Console.WriteLine("Retirando rodas veiculo terrestre");
        }
    }
}
```

A primeira classe é a classe pai, "VeiculoTerrestre". Esta classe possui somente um método, com um comando, o comando imprime na tela a frase "Retirando rodas veículo terrestre".

```
namespace Polimorfismo
{
    public class Caminhao : VeiculoTerrestre
    {
        public void RetirarRodas()
        {
            Console.WriteLine("Retirando rodas caminhao");
        }
    }
}
```

No "C#", o símbolo ":" significa herança. Neste exemplo, "Caminhao" esta herdando de "VeiculoTerrestre", portanto "VeiculoTerrestre" é o pai de "Caminhao".

A classe "Caminhao" implementa a função "RetirarRodas", esta possui só um comando, o comando de imprimir na tela o texto "Retirando rodas caminhao".

```
namespace Polimorfismo
{
    public class Carro : VeiculoTerrestre
    {
        public void RetirarRodas()
        {
            Console.WriteLine("Retirando rodas carro");
        }
    }
}
```

A classe "Carro" possui um método, somente "RetirarRodas", com tipo de visibilidade pública, e sem tipo de retorno. Este método implementa somente um comando, imprimir na tela do console a frase "Retirando rodas carro".

```
namespace Polimorfismo
{
    public class Moto : VeiculoTerrestre
    {
    }
}
```

A classe "Moto", porém, herda de "VeiculoTerrestre", porém não implementa nenhum método.

Quando executado, o programa imprime este resultado:

```
Retirando rodas veiculo terrestre
Retirando rodas carro
Retirando rodas caminhao
```

Agora podemos voltar a classe principal ("Main") e analisar seu funcionamento.

```
namespace Polimorfismo
{
    class Program
    {
        static void Main(string[] args)
        {
            Moto veiculoTerrestre = new Moto();
            veiculoTerrestre.RetirarRodas();

            Carro veiculoTerrestre2 = new Carro();
            veiculoTerrestre2.RetirarRodas();

            Caminhao veiculoTerrestre3 = new Caminhao();
            veiculoTerrestre3.RetirarRodas();

            Console.ReadLine();
        }
    }
}
```

A execução principal cria uma variável do tipo "Moto", uma do tipo "Carro" e uma do tipo "Caminhao". Executa nesta mesma ordem suas respectivas implementações de "RetirarRodas". A classe moto, quando tem seu método executado imprime na tela o resultado de seu pai, pois não possui implementação que sobrescreva o método "RetirarRodas" de seu pai ("VeiculoTerrestre").

Após esta execução, a variável da instância de "Carro" é executada, imprimindo assim, o valor sobrescrito pelo método da classe "Carro" e imprimindo na tela do "console" a frase "Retirando rodas carro".

Na sequência é executada o método da classe caminhão. Assim, é impresso na tela a frase "Retirando rodas caminhao".

Threads

Já falamos o básico sobre trilhas de execução em sistemas operacionais, vamos falar um pouco sobre trilhas de execução orientadas por objetos e aplicadas à orientação a objetos. Na orientação a objetos, sempre se torna mais simples e normalmente mais correto trabalhar utilizando objetos, no caso de trilhas de execução, não poderia ser diferente. A trilha de execução é representada por um objeto que engloba uma execução e pode ser disparada, aguardada e entre outras funções necessárias para administrar diferentes trilhas em um algoritmo.

Por exemplo no "C#" e no "Java", podemos invocar uma nova trilha de execução utilizando a classe "Task", que tem a responsabilidade de abstrair uma trilha de execução e suas funções dentro do sistema operacional.

Uma das grandes vantagens de se utilizar trilhas de execução é que quando duas tarefas trabalham de forma independente, pode se tornar muito mais veloz executá-las "ao mesmo tempo". Quando se executa um método após o outro, a trilha de execução principal aguarda o final do método anterior para invocar o próximo método.

Digamos que tenhamos três trilhas. A trilha um e a trilha três são processos mais rápidos e com pequenos comandos, e que não dependem de requisições de internet e nem acesso a dados. A trilha dois, porém, possui um menos comandos, porém comandos de acesso a muitos dados o que o torna o mais lento dos processos.

Caso desejássemos realizá-lo de forma assíncrona, a administração das trilhas do software seria, por exemplo, desta maneira:

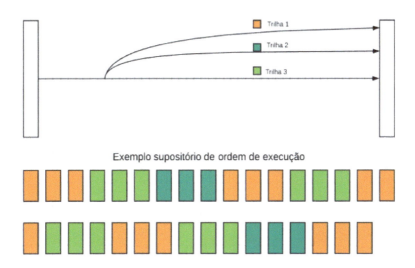

Exemplo supositório de ordem de execução

A barra branca da esquerda representando o início da execução, e a barra branca da direita representando o fim da execução. A cor laranja representa a "Trilha 1", a cor azul representa a "Trilha 2" e a cor verde representa a "Trilha 3". E ao fim das três execuções o programa termina. A ordem de execução está organizada da esquerda para a direita, e de cima para baixo, assim sendo, o primeiro a começar a ser executado é a "Trilha um", no bloco superior esquerdo, e também é o último a ser executado. Note que a "Trilha 2" necessita de menos "atenção" do processador, aparecendo menos vezes, porém sua execução não é contínua, a trilha aguarda algum retorno durante dois ciclos, por estar acessando dados da memória. A "Trilha 2" em compensação é executada somente tem seis comandos executados, enquanto a "Trilha um" possui quinze comandos a serem executados que não necessitam de nenhum tipo de retorno de sistemas externos. A "Trilha três" possui doze comandos a serem executados, também nenhum que necessite aguardar sistemas externos.

Caso fosse necessário realizar uma execução síncrona, o funcionamento seria assim:

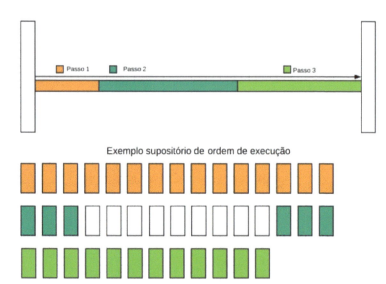

Exemplo supositório de ordem de execução

Note que possuímos agora a cor de bloco branca, que representa o tempo de espera da trilha pelo resultado de um resultado de sistema externo, no caso sistema externo chamado pelo passo de número dois (antiga "Trilha dois"). Com esse tempo de espera, todo o processo fica parado, o que seria executado em diferentes trilhas agora está sendo executado sincronamente. O processo também ganhou mais nove blocos, todos os blocos de espera por um sistema externo, tempo que poderia ser aproveitado executando em paralelo os outros passos.

Objeto ativo/passivo

Aprendemos sobre trilhas de execução. São chamados processos leves, são executados de forma mais rápida e necessitam de um processo para criá-la. Um objeto passivo nada mais é do que um objeto com trilha de execução própria, assim pode iniciar fluxos de processo.

Um objeto passivo não possui trilha de execução própria, assim precisa ser invocado por alguma trilha de execução.

Para exemplificar como isto funciona, podemos utilizar este diagrama de classes:

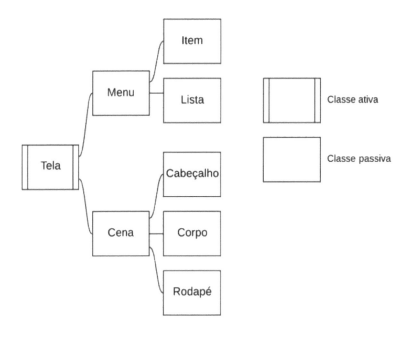

Importante explicar que, em tempo de execução um objeto pode ativo ou passivo. Classes são a descrição do objeto, portanto ainda não trabalham com a trilha de execução, quando dizemos "classe ativa" temos que deixar claro que a classe não trabalha com a trilha de execução, e sim, ela gera um objeto que vai possuir uma trilha de execução própria. Conceitualmente um objeto pode ser ativo ou passivo, uma classe não. Porém estamos nos referindo, de uma forma informal, para melhor entendimento, a uma classe ativa ou passiva considerando que uma classe ativa vai gerar um objeto ativo, enquanto uma classe passiva gera um objeto passivo.

Conforme a legenda na direita da imagem, uma classe ativa, no nosso exemplo, está sendo representada como um quadrado com borda branca nas laterais. Uma classe passiva é um quadrado branco.

No exemplo, a classe ativa é a classe "Tela". O objeto gerado pela classe "Tela" quando o programa é executado invoca os objetos passivos das classes "Menu" e "Corpo". Estes, enquanto a trilha os percorre, invocam os objetos das classes "Item", "Lista", "Cabeçalho", "Corpo" e "Rodapé". Que possuem funções para expor os determinados itens.

Para que o comportamento fique mais claro, podemos utilizar um diagrama de sequência de mensagens:

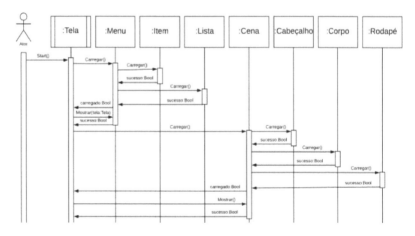

Podemos observar, primeiramente, que a execução é síncrona, desta maneira, as chamadas são sequenciais, pois só existe uma trilha de execução. Podemos observar também que o objeto "Tela" invoca os objetos "Menu" e "Cena" diretamente, pelos seus respectivos métodos de "Carregar". Dito isto, podemos observar que a trilha de execução pertence ao objeto ativo que foi acionado na execução, objeto ativo descrito pela classe "Tela". A trilha de execução do objeto "Tela" percorreu o objeto "Menu", percorreu "Item" e percorreu "Lista". Os quadrados brancos abaixo das representações das classes representam o ciclo de vida do objeto dentro do processo, também podemos dizer que é a trilha de execução percorrendo o objeto em questão. Assim podemos ver que a trilha de execução inicia em "Tela", invoca "Menu", que invoca "Item", retorna se a operação foi bem-sucedida e então invoca o objeto "Lista", executando o método "Carregar" do objeto "Lista".

Após o retorno de sucesso do objeto "Lista", é retornado um resultado de "carregado" como verdadeiro. Feito isto, o ciclo de vida do objeto "Menu" ainda não foi terminado, e é executado o método "Mostrar" passando como parâmetro o objeto "Tela" aonde o "Menu" deve ser desenhado.

O mesmo conceito se repete para os objetos "Cena" invocando "Cabeçalho", "Corpo" e "Rodapé". Todos objetos passivos.

Estamos criando um ambiente com somente um objeto ativo, significa que enquanto a trilha de execução estiver executando processos internos seja carregar o menu ou o corpo da tela, as funcionalidades da tela não estariam respondendo. Assim após a execução do processo, as funções voltam a ficar disponíveis. Em certas situações essa diferença de tempo e o bloqueio das funcionalidades se torna irrisório, por ser por um período muito pequeno ou simplesmente não faz diferença para o usuário. Entretanto, existem casos que este comportamento é inaceitável, para estes casos, normalmente são utilizadas trilhas de execuções diferentes, assim o funcionamento da tela não ficaria indisponível durante, digamos, uma requisição na internet ou um carregamento de banco de dados, que pode levar mais tempo do que o esperado.

Existem recursos da UML (Unified Modeling Language) para representar este tipo de situação assíncrona.

Arquitetura de software

Comecemos pelo início, uma pessoa (digamos que seu nome seja Gustavo) possui uma ideia que vai otimizar a produção em uma fábrica de camisas. Nesta fábrica possuímos diferentes camisas, de diferentes tecidos, que são encomendados de uma importadora que vende tecidos em atacado. Gustavo viu o processo do departamento de vendas e chegou à conclusão que as vendas poderiam aumentar muito caso os representantes de venda possuíssem um aplicativo para poder incluir novos pedidos, especificando dentre outras coisas preço, produto, cor e estampa.

Os representantes de venda visitam estabelecimentos em todos os locais do Brasil, inclusive alguns que não possuem sinal de internet, sabendo disto, Gustavo chega à conclusão que o aplicativo tem que funcionar quando estiver sem internet, mesmo que não efetive imediatamente pedidos ou altere o estoque.

Utilizaremos orientação a objetos, e feitas estas observações podemos começar a elaborar as entidades do sistema, até o momento sabemos que vai existir uma entidade do tipo usuário, sabemos que teremos uma entidade do tipo pedido. Também teremos entidades de tipo camisa, tipo cor e entre outras.

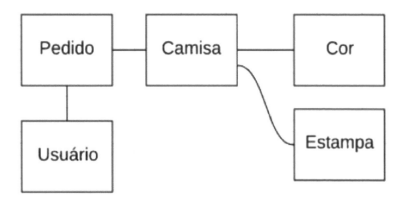

Algumas das entidades e suas correlações.

Porém sabemos que estas são algumas de nossas estruturas de dados, e teremos que ter algumas classes de fluxo, e claro, pelo menos uma classe ativa.

Sabemos que o usuário vai visualizar uma tela de aplicativo, assim podemos criar uma camada de detalhes visuais, aonde poderemos programar comportamentos visuais da tela.

Vamos chamar esta camada de detalhes visuais de "Visão", assim temos duas camadas que já conhecemos, vamos chamar a outra de camada de "Modelo", para ilustrar:

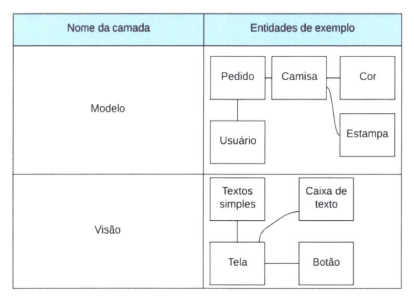

Nome da camada	Entidades de exemplo
Modelo	Pedido — Camisa — Cor / Usuário / Estampa
Visão	Textos simples — Caixa de texto / Tela — Botão

Conseguimos então com essas duas camadas representar a estrutura de dados do negócio de camisas e o desenho da tela. Porém está faltando uma camada de controle de fluxo, controle de comportamento de aplicação, afinal se não tivermos um mecanismo para controlar o comportamento da aplicação, podemos até mudar a cor de alguns botões, porém não poderemos, por exemplo mudar de objeto tela em determinadas circunstâncias. Vamos chamar então de camada "Controlador", esta camada será responsável por controlar a lógica, dentre outras coisas, das mudanças de telas.

Vamos organizar os nossos controladores de fluxo por setores do aplicativo, assim teremos por exemplo, um controlador para o login que vai lidar com telas do tipo a de login, recuperar senha, login bloqueado, e entre outras, um controlador para o conjunto de telas de montagem do pedido, um conjunto de telas para o menu do aplicativo, e um controlador para cada assunto que possua um conjunto de telas no aplicativo.

Assim temos:

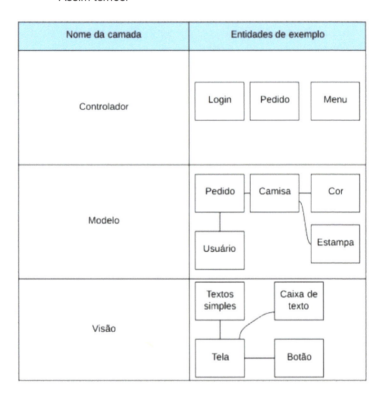

Nome da camada	Entidades de exemplo
Controlador	Login Pedido Menu
Modelo	Pedido — Camisa — Cor / Usuário Estampa
Visão	Textos simples Caixa de texto Tela — Botão

Isto é uma arquitetura conhecida como MVC (Modelo-Visão-Controlador).

Esta arquitetura se baseia na dupla ligação (ida e volta) estática entre modelo e visão, também visão e controlador.

Assim temos:

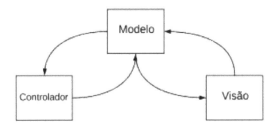

Para ficar mais claro, o controlador atualiza o modelo, e o modelo atualiza a tela. A tela atualiza o modelo, e o controlador enxerga os valores atualizados conforme a tela pois utiliza o modelo.

Desta maneira conseguimos controlar o fluxo do usuário dentro do aplicativo, mas observe que não temos ainda a camada de acesso a banco de dados, não temos aonde tratar lógicas de negócio e entre outras coisas que não dizem respeito a comportamentos visuais.

Sabemos que vamos precisar de uma camada para lidar com regras de negócio, por exemplo se o preço aplicado pelo representante é aceitável ou mostrar determinadas quantidades de estoque, quais produtos cada representante pode vender e para qual cliente, mostrar limite de crédito para um determinado cliente, e entre outras funcionalidades que podem ser de negócio. Assim sendo, temos mais uma camada a de lógica de negócio, vamos chamar de camada de "Negócio".

Esta camada pode ser utilizada por diferentes controladores.

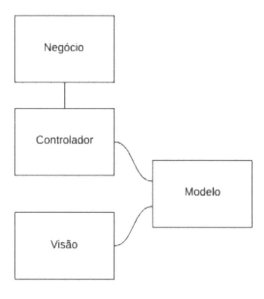

Temos então uma diferença entre visão, controlador e modelo para a camada de negócio. A camada de negócio possui regras universais que devem ser respeitadas em todos os controladores que lidarem com determinado ramo do negócio. Esta diferença significa que a camada de negócio deve ser facilmente acoplável e genérica para poder ser reutilizada, a característica de um componente é possuir uma interface que o permita desacoplar e (ou) acoplar em outros lugares ou classes. Portanto a camada de negócio é um componente.

Sabemos que o aplicativo precisa funcionar sem internet, significa que ele deve ser capaz de realizar gravações no próprio celular, sem acessar internet, e transferir para a internet quando o celular possuir conexão estável. Temos, nesta lógica, mais dois componentes, o componente de internet, e o componente de gravação local. Vamos então chamar o componente de gravação interna no celular de camada de "Repositório", vamos também nomear a camada de acesso a rede do celular, vamos chamar de camada "Internet".

Assim teremos:

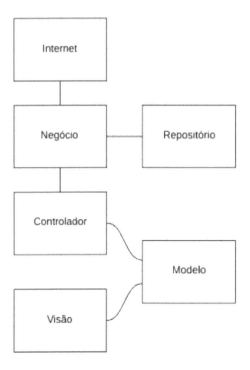

E aqui o caminho do fluxo de dados deixa de ser linear dentre os componentes. Agora possuímos duas opções, caso o usuário esteja utilizando o aplicativo na versão sem internet, devemos utilizar o repositório, caso o aplicativo possua internet, devemos acessar a internet para fazer as gravações. Para ficar mais claro:

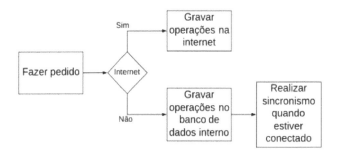

Tomamos então, com base em uma ideia, um conjunto de decisões para modelar o comportamento e o funcionamento do aplicativo, abstraindo a aplicação de internet, que deve ser um serviço web, ou algo do tipo. Em breve voltaremos a este assunto.

Tomamos um conjunto de decisões de modelagem e a definição formal de arquitetura de um projeto de software é: um conjunto de decisões de modelagem. Vamos criar algumas decisões de modelagens e discutir o que é arquitetura de forma mais detalhada.

Dito isto, podemos seguir para a parte a arquitetura da solução web.

Hoje em dia, a internet funciona com base na arquitetura cliente-servidor. Isto significa que todos os computadores são endereçados, possuem códigos numéricos que os localizam dentro de redes e sub redes.

Para chegar a arquitetura de software, precisamos primeiro passar pela arquitetura da internet atual. Em uma arquitetura cliente-servidor o cliente envia uma requisição ao servidor, especificando uma URL (texto de identificação, que é convertido posteriormente ao endereço numérico do servidor), parâmetros da URL, que chamamos de "Query string" em inglês e um texto de requisição, que por sua vez é normalmente dividido em corpo e cabeçalho.

Sabendo disto, podemos falar sobre o fluxo da informação. O Brasil, por exemplo, possui um órgão para controlar todos os nomes dos domínios que terminam em ".br". Este órgão disponibiliza um servidor em que podemos associar um nome, que normalmente é comprado, e que termina com ".br" com um endereço de um servidor DNS (Domain Name System), e este servidor é o responsável por traduzir um determinado nome para um endereço de protocolo de internet (endereço IP - "Internet Protocol", em inglês). Feita esta tradução, então, a requisição vai chegar ao servidor da aplicação, por uma determinada porta.

Assim temos este desenho:

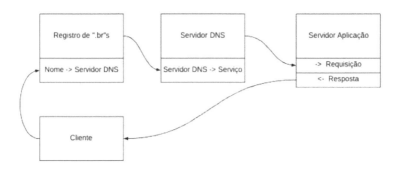

No nosso caso, o cliente é o aplicativo, o servidor poderia ser referenciado diretamente pelo seu endereço IP, assim o não precisaríamos criar um domínio e nem criar um servidor DNS, porém, não é uma boa prática na maioria dos casos. E como o objetivo é introduzir arquitetura de software, é importante passar por estes quesitos pois afetam o funcionamento do sistema, e um engenheiro de software precisa ser capaz de identificar erros e problemas nestas partes do sistema também.

Após a requisição atingir o servidor em uma determinada porta de rede, a requisição a chegar ao sistema operacional é captada por um sistema "middleware", alguns conhecidos são por exemplo o "Apache" e o "IIS" da Microsoft. Estes possuem muitas funcionalidades, inclusive que extrapolam funcionalidades de um "middleware", porém para o nosso exemplo, estes servem bem.

Dentro destes softwares o usuário configura um serviço para processamento de uma aplicação, uma porta e um nome de entrada, tudo isto vinculado a uma pasta de uma aplicação que vai ser interpretada.

No "Apache" por exemplo, podemos configurar uma aplicação para utilizar o serviço PHP. Assim, sempre que uma requisição for captada, requisitando uma URL "X" direcionamos para a aplicação de uma pasta do sistema operacional e executamos a aplicação utilizando um determinado serviço. Estas aplicações costumam trabalhar com uma "piscina" de trilhas de execução ("pool de threads" como costuma

110

ser dito), assim, a mesma aplicação pode ser executada concorrentemente por diferentes clientes.

Existem exceções, algumas tecnologias que trabalham com um cliente de cada vez, depende da administração do middleware e das capacidades da tecnologia.

Temos então, isto:

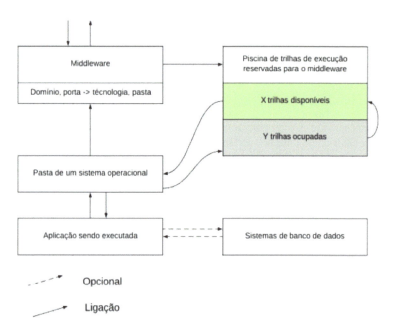

Vimos então a arquitetura básica de rede para traduzir um domínio em um endereço de protocolo de internet, tradução de nomes, registro de domínios até chegar ao servidor de aplicação. Então vimos a estrutura do sistema operacional para chegar até a aplicação.

Feito isto, podemos então falar da arquitetura da aplicação. Para o nosso exemplo vamos trabalhar com o conceito de APIs ("Application Programming Interface" – em inglês) "Restful". Uma API Restful deve ter seus caminhos organizados como se fossem árvores de pastas, desta maneira, se queremos realizar a busca por um usuário, por exemplo, utilizando o "login".

Devemos então, buscar pela pasta correta dos usuários do sistema, desta maneira:

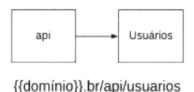

{{domínio}}.br/api/usuarios

Sabendo disto, temos que incluir como parâmetro o "login" do usuário. Sabemos que requisições HTTP possuem mecanismos de representação de "CRUD" (lembrando - "Create", "Read", "Update" e "Delete"), estes mecanismos são os tipos diferentes de requisição "GET" ("Read"), "PUT" ("Update"), "POST" ("Create") e "DELETE" ("DELETE").

Utilizando estes mecanismos e sabendo que estamos buscando um usuário, sabemos que devemos usar uma requisição HTTP do tipo "GET".

Uma requisição do tipo "GET" não possui corpo, portanto devemos passar o parâmetro utilizando a URL, desta forma:

{{domínio}}.br/api/usuarios/{{login}}

HTTP - GET

Digamos que o login seja "rodrigon", nossa URL seria:

"{{domínio}}.br/api/usuarios/rodrigon".

Assim, estamos na API, entrando na pasta "usuários" e buscando o usuário que possui login "rodrigon". Caso tenhamos outras variáveis, são separadas em pastas fictícias, por exemplo, se buscarmos o login somente em usuários de um determinado estado, digamos o Acre:

"{{domínio}}.br/api/estados/acre/usuarios/rodrigon".

Então, temos a busca por um usuário, com login "rodrigon" que esteja no "Acre". Temos que deixar claro, que o estado também pode ser uma variável, a estrutura ficaria como:

{{domínio}}.br/api/estados/{{estado}}/usuarios/{{login}}

HTTP - GET

Compreendido isto, podemos começar a falar das estruturas internas. Sabemos que vamos precisar acessar o banco de dados, e sabemos que precisamos de uma camada de negócios na internet também. Assim já temos as três primeiras camadas, a interface externa, a camada de negócio e a camada de repositório. Também precisaremos de uma camada de modelos, para especificarmos as estruturas de dados que vamos trabalhar.

Feito isto, temos quatro camadas.

Temos então:

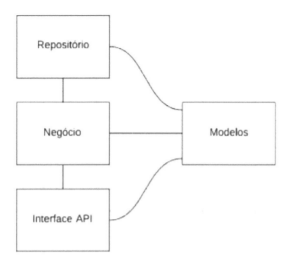

Criaremos então duas APIs de entrada, a API de Pedido, aonde podemos criar pedidos, buscar itens de pedido e cancelar o pedido. A outra API é a de usuários, para validar o acesso de usuários e buscar suas informações.

Estas duas APIs acessam a camada de negócio para buscar usuários que estejam ativos, e sejam representantes que possam realizar vendas, os representantes de venda são pessoas jurídicas, então também é necessário consultar se as suas empresas estão com as informações em ordem.

Uma operação de validação de usuários, naturalmente precisa acessar o banco de dados de usuários, por isso a camada de negócio vai acessar a camada de repositório, buscando usuários que estejam ativos e com empresa em situação regularizada.

Verificar a situação da empresa de um representante de vendas, naturalmente, é uma operação que implica em acessar sites do governo, e pode ser um método da camada de negócio, um exemplo de método que não precisa acessar a camada de repositório.

Realizamos então uma introdução sobre arquitetura, utilizando como exemplo um aplicativo que precisa acessar um serviço na internet

114

para buscar e gravar informações. O próximo tópico que falaremos (SOLID) é diretamente ligado a arquitetura de software.

SOLID

SOLID é um acrônimo para os fundamentos principais da orientação a objeto. Foram identificados por volta do ano dois mil, e transformado neste acrônimo posteriormente. Com o tempo de uso da orientação a objetos e discussões sobre melhores práticas para evitar problemas conhecidos do desenvolvimento de software, foram pensados, utilizando os fundamentos da orientação a objetos, cinco fundamentos a serem seguidos para que o código desenvolvido seja organizado, de fácil manutenção e de fácil localização para os engenheiros de software que virão a customizá-lo.

Com o passar do tempo, o desenvolvimento de software no geral foi se desenvolvendo e aplicando novas metodologias como tentativa de aumentar a taxa de sucesso das produções de softwares. A taxa de sucesso representa a porcentagem de projetos de desenvolvimento de software que foram sucedidos dividido pelo número de projetos de softwares que não foram sucedidos. O desenvolvimento de software no geral é algo arriscado, pois exige análise e entendimento do negócio que o software deverá ser implantado, saber modelar é relevante para conseguir expressar e documentar ideias de forma clara e unificada.

Analisar e modelar devem ser os primeiros passos do projeto, acompanhados pela implementação e então testes.

Destes tipos de problemas comuns, fundamentos da orientação a objetos e projetos de software foram pensadas várias maneiras de diminuir os riscos, uma delas melhorando a qualidade do código desenvolvido, orientando e criando boas práticas para o desenvolvimento. Dentre elas surgiram por exemplo, os padrões de desenho ("Design Patterns" em inglês), e outra foram os fundamentos do SOLID.

O "S" representa o princípio da responsabilidade única: uma classe deve ter somente uma razão para mudança. Isto significa que de uma classe seria muito mais objetiva e simples de ser alterada se somente possuir uma responsabilidade. Isto envolve a questão de acoplamento que discutimos no livro.

O "O" representa o Princípio Aberto-Fechado: você deve ser capaz de estender um comportamento de uma classe, sem ter que modificar o comportamento. Em inglês a frase é:

Software entities (classes, modules, functions, etc.) should be open for extension, but closed for modification.

Em português a tradução literal é:

Entidades de software (classes, módulos, funções e etc) devem estar abertas para extensão, mas fechadas para modificação.

Dito isto, temos que explicar como funciona. Para que isto funcione precisamos de um mecanismo de extensão que não altere o que já está feito, assim, podemos exemplificar usando a nossa troca de rodas, que utilizamos como exemplo previamente no livro, aonde caso queiramos adicionar um novo método de "trocar rodas" para um veículo diferente, poderíamos simplesmente adicionar mais uma classe com uma função específica, herdando da classe pai que criamos.

Assim estaremos estendendo funcionalidades de veículos sem alterar o que já está feito para os outros.

Os próximos conceitos são mais simples de assimilar.

O "L" é o princípio da substituição de Liskov. Significa que as classes devem ser substituíveis por classes derivadas.

Para exemplificar o conceito: imagine que temos um objeto do tipo veículo terrestre, conforme nosso exemplo, devemos poder perguntar se veículo terrestre é na verdade um caminhão ou um carro ou uma moto ou nenhum destes, pois um caminhão é um veículo terrestre, e carro também é um veículo terrestre.

O "I" é o princípio da segregação da interface. Este diz que muitas interfaces específicas são melhores que uma interface única.

E o "D" é o princípio da inversão da dependência. E este diz que o sistema deve depender de uma abstração, uma ideia e não de uma implementação. No caso podemos utilizar os conceitos explicados no livro, uma abstração é ignorância seletiva de algumas propriedades não relevantes e implementar significa tornar real, então deve-se depender de conceitos fundamentais e não de produtos criados.

Revisão e conclusão do autor

O livro foi escrito com o objetivo de trazer um breve norte conceitual para os estudantes e curiosos de computação. Um engenheiro de software deve ser capaz de pensar desde o maior nível de abstração e manipular tecnologias até compreender o que um sistema operacional está fazendo dentro do hardware da máquina. Gestão de memória, trilhas de execução, máquinas virtuais, sistemas operacionais são alguns dos conceitos necessários para engenheiros de software de primeira qualidade. Haverá outros livros com tópicos mais aprofundados e sobre diversos assuntos dentre os objetivos existem bancos de dados, para explicar dentre outros assuntos álgebra relacional mais profundamente, diagramas, índices e entre outros, outro assunto relevante é redes, também está nos objetivos um livro conceitual sobre somente arquitetura de software.

Estão planejados mais cinco livros, este livro foi criado para servir de auxílio em matérias conceituais de engenharia de software, para auxiliar estudantes e até profissionais como um livro de consultas.

Creio que o objetivo do livro foi cumprido e resta somente uma mensagem final sobre a produção de softwares na época contemporânea. Os sistemas de hoje em dia são todos feitos utilizando o paradigma da computação binária, veremos uma mudança de paradigma, para a computação quântica, este é um tema previsto para um dos cinco livros futuros planejados. Isto se concretizando, deveremos ver diferentes maneiras de pensar, diferentes paradigmas de programação, arquiteturas completamente diferentes, que funcionam a uma velocidade completamente diferente, afetando todos os aspectos da computação contemporânea, desde computadores pessoais, servidores de nuvem, até roteadores e grandes sistemas de comunicação. Vamos redescobrir a computação, com a computação quântica e novas tecnologias que vão chegar.

O livro trata de uma maneira prática e conceitual ao mesmo tempo assuntos fundamentais da engenharia de software pelo fator de que o autor acredita que as tecnologias devem ser utilizadas como ferramentas para diferentes casos, podemos estar falando de linguagens ou banco de dados ou até servidores e sistemas operacionais, desta maneira, o livro tenta expor de uma maneira não específica conceitos universais da computação binária.

Na visão do autor existem situações para se utilizar bancos de dados não relacionais, momentos para utilizar linguagens com estruturas de dados previamente definidas e entre outras, pois o grande desafio não deve ser o conceito por trás das tecnologias e sim como apresentar soluções para o mundo real, retornando valor para as pessoas, sejam clientes de uma fábrica de software ou pesquisadores ou simples usuários.

A engenharia de software pode ser utilizada para diminuir taxas de morte em hospitais, aumentar número de aprovações em faculdades de acordo com o perfil dos alunos, pode ser utilizada para melhorar a saúde das pessoas, otimizar e melhorar processos inteiros das maiores empresas do planeta, pode utilizar estatística e aprendizado de máquina para elaborar desde soluções para por exemplo o mercado financeiro, prever riscos e entre outras funcionalidades, quanto para diminuir a fome em países pobres. Para que estas coisas aconteçam, não podemos ter problemas em assimilar a parte conceitual da computação, esta deve estar gravada nas cabeças dos engenheiros de software para que consigam focar nos problemas de verdade do ser humano.

Informações úteis sobre estudos

Quando estudei máquinas de estado, utilizei para construir máquinas de estado e máquinas de Turing um software chamado "JFLAP", muito interessante e poderosa.

A metodologia de modelagem que pode ser utilizada formalmente para desenhar máquinas de estado, diagramas de classes, e entre outros é o UML.

Caso estejam interessados, vale a pena estudar padrões de desenho, que será tema de um livro posterior.

Existem mais cinco livros planejados para essa sequência sobre os fundamentais da computação.

Alguns nomes que valem a pena serem pesquisados para curiosos acadêmicos, aonde parte do conhecimento do autor foi baseado: Matthias Felleisen, Brian R.Gaines, Eric Evans, Linus Torvalds, Barbara Liskov.

Se fosse fazer uma lista completa, claro, seria muito maior, mas, já são nomes suficientes para pesquisarem até o próximo livro.

www.ingramcontent.com/pod-product-compliance
Lightning Source LLC
Chambersburg PA
CBHW041142050326
40689CB00001B/451